卓越法律人才教育培养系列教材
2020年郑州大学校级规划教材

食品安全法原理

主　编◎侯　宇
副主编◎谭　波　王圭宇

郑州大学出版社

图书在版编目(CIP)数据

食品安全法原理 / 侯宇主编. — 郑州 : 郑州大学出版社, 2020. 12 (2024.6 重印)

ISBN 978-7-5645-7365-2

Ⅰ. ①食… Ⅱ. ①侯… Ⅲ. ①食品卫生法 - 教材 Ⅳ. ①D912.16

中国版本图书馆 CIP 数据核字(2020)第 200324 号

食品安全法原理

SHIPIN ANQUANFA YUANLI

策划编辑	王卫疆	封面设计	苏永生
责任编辑	李　蕊	版式设计	凌　青
责任校对	部　毅	责任监制	李瑞卿

出版发行	郑州大学出版社	地　址	郑州市大学路 40 号(450052)
出 版 人	孙保营	网　址	http://www.zzup.cn
经　销	全国新华书店	发行电话	0371-66966070
印　刷	廊坊市印艺阁数字科技有限公司		
开　本	710 mm×1 010 mm　1 / 16		
印　张	11.75	字　数	243 千字
版　次	2020 年 12 月第 1 版	印　次	2024 年 6 月第 2 次印刷

书　号	ISBN 978-7-5645-7365-2	定　价	58.00 元

前言

食品安全关系着亿万国民的身体健康，更加关系着祖国繁盛的未来。食品安全问题不仅涉及经济领域，而且与政治、管理、技术等领域紧密相关，也从来都是牵一发而动全身的问题。

《食品安全法原理》着眼于当下食品安全问题发展现状，依托现行有效的《中华人民共和国食品安全法》法规，同时吸纳进最新版本的《食品安全法实施条例》，从理论和制度两大角度切入，分为十章，系统完整地介绍了食品安全立法背后的系统逻辑与原理。简要介绍食品安全的基本概念、原则，以及引入专家参与食品安全规制的重要性，又详细介绍了从"田园到餐桌"的食品生产与流通流程，重点阐述食品安全领域的准入制度、具体化、清晰化食品生产经营者责任承担，强调专家对于食品检验领域的重要性，期望可以针对目前现存的食品问题进行有效的安全规制，缓解日益严峻的国产食品"高危入口"现状，增强民众对于国产食品的信任度和安全感。

本书立足食品安全问题的具体发展实践，进一步探索食品安全法背后的立法逻辑，同时运用实践理论，对于现行有效的食品安全法律法规未尽的管控领域和空白区域提出了一些自己的建议和理解，期望可以对我国食品安全贡献尺寸之功。

本教材是集体智慧的结晶。全教材由主编进行总体框架设计，提出编写大纲，并负责统稿和最后的定稿工作。参加本教材编写的成员是：侯宇（郑州大学法学院）、谭波（海南大学法学院）、王圭宇（郑州大学法学院）、张戈（河南省人大常委会法工委法规处）、史淑亚（郑州大学法学院）、李洪峰（郑州大学护理与健康学院）、刘广民（郑州大学护理与健康学院）。感谢本书众位作者的认真坚持与努力，但由于本书内容涵盖范围广泛，因此书中依旧存有未尽完善之处，祈盼诸位多加指正。

编　者

2020 年 10 月

目 录

第一章

食品与食品安全

导入案例

2014 年 8 月 7 日，深圳洪湖沃尔玛一名资深员工向媒体曝光了其偷拍的食品加工内幕。据员工透露，油至少是半个月以上才换的，有时候甚至不换。但员工在填写厨房用油记录的时候，则填上“已经更换”。不仅用油有问题，而且用于制作熟食的原材料也有问题。按照规定，冷鲜家禽类在-5～0 ℃保鲜时，保质期只有 7 天，但沃尔玛用于制作熟食的原材料来自这些超过 7 天保持期的冷鲜家禽。

沃尔玛已经不是第一次曝光出现过期食品。

重庆九龙广场沃尔玛超市于 2011 年 1 月 13 日至 1 月 27 日，分 4 次购进了成都市全顺调味品厂生产的板鸭 3 499 千克。该商品的出厂日期即为生产日期，保质期只有 10 天。也就是说，这些板鸭在 2011 年 2 月 5 日就已全部过期。据该超市的电脑销售数据显示，从 2011 年 2 月 5 日起至 2 月 28 日，共有 208 千克过期板鸭被卖给了消费者。经工商部门调查，沃尔玛用过期板鸭加工成“樟茶板鸭”销售一事证据确凿。

2011 年 11 月 16 日，广东省工商局对中山市、佛山市沃尔玛超市在售熟食进行了抽检，发现下述检测项目不合格，分别有：菌落总数、大肠菌群、糖精钠、硼酸、致病菌（沙门氏菌）。

2012 年 1 月 9 日，达州市城区畜牧食品局对沃尔玛进行例行检查时，发现超市冻库内储存有深红色猪排骨。随后，执法部门立即查封了库房中同批次的猪排骨 94.2 千克和 106 千克灌香肠的猪碎肉。进一步检查中，执法部门发现沃尔玛超市共购进该批次猪排骨 500

千克，已有405.8千克以22.83元价格售卖。后经对查封的猪排骨检测，相关部门认定该批产品系病害动物产品。

…………

作为一家世界性连锁企业，沃尔玛有着悠久的历史，并屡次名列世界五百强榜首，但在进入中国后却频发食品安全问题。这究竟是企业的“唯利是图”，还是“入乡随俗”？

第一节　食品的基本概念

一、什么是食品

对于食品的定义，不同领域有不同的解释。根据《中华人民共和国食品安全法》（以下简称《食品安全法》）第150条第1款，“食品，指各种供人食用或者饮用的成品和原料以及按照传统既是食品又是中药材的物品，但是不包括以治疗为目的的物品”。由此可见，《食品安全法》所定义的食品范围有三种：能够直接食用的各种食物、未经加工的原料和“按照传统既是食品又是中药材的物品，但是不包括以治疗为目的的物品”。在日常生活中，例如枸杞、山药、蜂蜜等材料，按照中医传统，它们既可以作为药材，也可以作为食物直接食用，可归类于法定概念下的食品范围。但是，并不是所有可直接食用的中药材都属于食品范畴。根据《食品安全法》第38条的规定，“按照传统既是食品又是中药材的物质目录由国务院卫生行政部门会同国务院食品安全监督管理部门制定、公布”。对于目录之外的属于药品的中药材，按照《药品管理法》进行管理。

二、转基因食品

所谓转基因食品，就是利用生物技术，将某些生物的基因转移到其他物种，改造生物的遗传物质，使其在性状、营养品质、消费品质等方面向人类所需要的目标转变，以转基因生物为直接食品或为原料加工生产的食品就是转基因食品。[1]

① 刘旭霞，欧阳邓亚：《日本转基因食品安全法律制度对我国的启示》，载《法制研究》2009年第7期，42页。

截至2013年,对转基因食品尚无明确统一的分类标准。依惯例而为,标准不同,分类则不同。若以转基因食品的不同来源为标准,可分为如下三种类型:一是植物性转基因食品,是指以含有转基因的植物为原料的转基因食品;二是动物性转基因食品,是指以含有转基因的动物为原料的转基因食品,主要是利用胚胎移植技术培养生长速率快、抗病能力强、肉质好的动物或动物制品;三是微生物转基因食品,是指以含有转基因的微生物为原料的转基因食品,主要是利用微生物的相互作用,培养一系列对人类有利的新物种。现阶段,植物性转基因食品品种很多,也是生活中常见的,动物性转基因食品还没有商业化生产,大多数正处于研究状态。转基因食品能否给人类提供特殊的营养或者辅助治疗人类疾病是目前科学界重点关注的领域,许多科学家致力于开展此方面的研究,如科学家利用生物遗传工程,将普通的蔬菜、水果、粮食等农作物,变成神奇的"疫苗食品",使人们在品尝鲜果美味的同时,可达到预防疾病的目的。

1983年,世界上最早的转基因作物——烟草在美国诞生。1994年,美国孟山都公司研制的延熟保鲜转基因西红柿在美国批准上市。1999年,中国水稻研究所研制的转基因杂交水稻通过了专家鉴定。2012年3月1日,国际农业生物技术应用服务组织在北京发布年度报告称:2012年全球转基因作物种植面积达到约1.7亿公顷。按照种植面积统计,全球约81%的大豆、35%的玉米、30%的油菜和81%的棉花是转基因产品。报告显示,转基因作物种植面积排在前5位的国家是美国、巴西、阿根廷、加拿大、印度。我国种植面积约400万公顷,居世界第6位,其中绝大部分是转基因抗虫棉。2012年,有8个发达国家和20个发展中国家种植转基因作物。转基因食品的研发迅猛发展,产品品种及产量也成倍增长,日常生活中的转基因食品也随处可见,但是转基因食品对人类的健康是否有害,目前并未有统一的答案,也由此引发了一些国家对于转基因食品安全问题的担忧。例如,德国和瑞典的相关企业因为市场因素不再种植转基因马铃薯,波兰因为相关法律和监管不符合欧盟要求,停止种植转基因玉米。2014年5月5日,法国参议院上院通过法案,禁止在法国种植转基因玉米。我国批准商业化种植的转基因作物仅有棉花和番木瓜,批准进口用作加工原料的有大豆、玉米、棉花、油菜和甜菜5种作物。除批准了转基因棉花的种植外,进口的转基因大豆、转基因玉米、转基因油菜等仅限用于加工原料。进口用做加工原料的农业转基因生物,不得改变用途,即不得在国内种植。我国至今没有批准任何一种转基因粮食作物种子进口到中国境内种植。

三、食品添加剂

食品添加剂不同于食品营养强化剂,一般不具有营养成分与营养价值。我国《食品安全法》第150条第4款对食品添加剂做出明确的定义:"食品添加剂,指为改善食品品质和色、香、味以及为防腐、保鲜和加工工艺的需要而加入食品中的人工合成或者天然物质,包括营养强化剂。"联合国粮农组织和世界卫生组织共同建立的国际食品法典委员会对食品添加剂的定义为:有意识地一般以少量添加于食品,以改善食品的外观、风味、组织结构或贮存性质的非营养物质。虽然我国将以增强食品营养成分为目的的食品营养强化剂列入食品添加剂行列,但除此之外大部分食品添加剂并不具有营养价值,对人体健康也并无益处。

目前,全世界使用的食品添加剂种类达到16 000余种,我国允许使用的食品添加剂种类达到2 300余种。在正常的饮食中,每人每天可能接触到数十种食品添加剂。食品添加剂的使用需满足三个最基本的条件:一是确有必要,不需要加就不加,能少加就少加;二是安全可靠,使用的食品添加剂必须是经过毒理学实验证明对人体无害的;三是政府许可,我国《食品安全国家标准 食品添加剂使用标准》(GB2760—2014)对允许使用的食品添加剂的品种、范围和用量都有明确的规定。

第二节 食品安全

一、食品安全概念的形成和发展

"食品安全"一词最早出现在古罗马时代。据史料记载,当时有众多市民反映红酒的味道有问题,调查官在对红酒生产者进行调查时,发现生产者在制造红酒的原料中掺入了芦荟和其他药剂,以达到快速制造红酒的目的。此后,古罗马又陆续出现了在面粉中掺入碳酸盐,用麦芽替代物酿造啤酒等事件,在当时被统称为"食品三案"。上述食品事件被视为食品安全问题的雏形。

随着人类文明的进步和工业化时代的到来,人们对食品的需求急剧增加,食品企业在高额利润的诱惑下,往往容易忽视对食品安全的管理,从而导致食物中毒事件时有发生。在这种情况下,世界各国开始对"食品安全"问题进行研究和探讨,希望能从中得到一个明确而统一的衡量标准,进而找到解决问题的办法。但遗憾的是,由于"食品安全"本身的复杂性和科技水平的局限性,在相当长的一段时期内,世界各国始终没有对食品安全形成清晰而又确定化的标准。食品安全是一个时代性的话题,它随着人类认识和改造自然的水平的不断提高,其含义也在发生着不断地变化。一方面,不同的学科对食品安全有着不同的概念界定,卫生学角度认为:食品中不含有导致消费者急性或慢性毒害或疾病感染的因素,或含有产生危及消费者及其后代健康隐患的有毒、有害因素;从法律角度可以表述为:食品的种植、养殖、加工、包装、贮藏、运输、销售、消费等活动符合国家强制性标准和要求,不存在损害或威胁消费者及其后代人体健康的有毒有害物质。另一方面,进入近现代社会后，由于世界各国发展水平的差异，很多发展中国家受制于本身生产力的发展水平，无法全面认识和理解食品安全的科学内涵，从而使这个全人类共同面对的食品安全问题始终无法形成一个清晰明确的定义。

1974年，联合国粮农组织在世界粮食大会上通过了《世界粮食安全国际约定》，从食品数量满足人们基本需要的角度，第一次提出了“食品安全”的概念。而在1996年世界卫生组织发表的《加强国家级食品安全性指南》中，首次将食品安全与食品卫生、食品质量进行了较为明确的区分，即食品安全是“对食品按其原定用途进行制作和食用时不会使消费者受害的一种担保”，食品卫生是指“为确保食品安全性和适合性在食物链的所有阶段必须采取的一切条件和措施”，食品质量则被定义为“食品满足消费者明确的或者隐含的需要的特性”。在食品安全概念的理解上，经过国际组织和国家之间的相互沟通交流，目前国际社会已经基本形成共识，即食品的种植、养殖、加工、包装、贮藏、运输、销售、消费等活动符合国家强制标准和要求，不存在可能损害或威胁人体健康的有毒有害物质致消费者病亡或者危及消费者及其后代的隐患。食品安全包括食物量的安全和食物质的安全。食物量的安全是指能不能解决吃得饱的问题，而对于现今生活质量不断提高的人们，提起食品安全，考虑更多的是质的安全。食物质的安全是指确保食品消费对人类健康没有直接或潜在的不良影响，是食品卫生的重要部分，也是一个全球性的问题。

在我国，根据《食品安全法》第150条第2款，“食品安全，指食品无毒、无害，符合应当有的营养要求，对人体健康不造成任何急性、亚急性或者慢性危害。”由此可见，一方面食品不能导致对人体健康的危害；另一方面，食品必须符合应当具备的营养要求，满足国家、地方或企业标准。

通过对食品安全概念的发展演变过程的梳理，不难看出：

首先，近现代社会中的食品安全概念已经突破了食物中毒的范畴，而改用“食源性疾患”。这是因为食物中毒已不能真实地反映因食物不卫生或不安全所造成的全部危害。

其次，由单一食品源引发的食品安全危害范围呈现出越来越广的趋势。现代的食品生产和交易已经极大地突破了空间和时间的限制，任何一个由单一食品源引发的危害事件都可能随着食品的快速交易而大范围的扩散至全国乃至全球范围，从而引发出群体性的食品安全事件。

最后，现代食品污染对人体的危害性在不断加强。由于工业化生产而造成的环境污染及各种生物工程技术（如转基因）和生产工程技术（如辐照、膨化），使得一些既存或潜在的有害物质侵入人体后，其积累或潜伏的时间在不断加长，症状的表现也呈现出更多的差异性和不确定性，有的甚至会在隔代之后才表现出临床症状，或产生不易察觉的身体健康影响（如寿命缩短），这些都是以往的食品安全事件中所没有出现的情况，也从另一个侧面说明，食品安全问题正在表现出更为复杂的局面。

二、食品安全的属性

食品安全概念的不确定性以及食品安全内涵的多样性，都是建立在食品安全自身所具有的风险性、相对性、社会性和公益性的属性特征之上的。①

1. 风险性

“风险”是一个应用广泛的概念，食品安全的风险是指食品中存在的危害因素对健康发生不良影响的可能性及其程度。以往人们认为，食品安全是指食品中不能存在任何可能危及身心健康的危害的存在，也即食品零风险才是安全的食品。由此产生了食品安全的绝对安全论，其认为完全排除危害虽然是一种理想，但即便不可能完全排除，也要尽可能逼近零风险。但是近年来，人们已经逐渐认识到食品安全零风险的不可能性。随着风险分析理念的提出，人们意识到由于受科学水平的限制，人类无法完全知晓造成风险的原因所在，所有食品安全的规制只能根据食品风险的大小做出不同的反应。只有以风险的存在为前提，对其做出科学的评估，并力图降低风险，以风险分析的手法展开食品安全规制才是对于食品安全概念的正确认知。

2. 相对性

世界上没有绝对安全的食品，任何食品都存有风险，这是现代工业社会对食品安全形成的共识性和科学性的看法。食品的安全性受到科学技术、疾病构造、饮食习惯等各种因素的影响，并随着时间、地点和消费群体的不同，而产生不同的评价标准。

食品安全具有相对性主要是因为：①食品安全作为食品质量的一个组成部分，在一定程度上取决于消费者的主观评价。每个消费者的身体状况和饮食习惯的不同会造成相同食品安全的差异性，例如鱼、蟹类水产品经过合理的加工制作及适量食用后，对绝大多数人是安全的，但对于少量鱼、蟹类水产品过敏的人就可能存在安全风险。因此，食品安全不存在也不可能存在一个绝对的安全标准。②在现实中，食品安全性难以被完全界定。例如许多被宣布为有害或有毒的化学物质都是以人眼难以发现的形态而存在。如果从检疫检验学层面上看，其表现出来的是各种化学性、物理性或微生物性的食品安全问题。

由此可见，绝对安全是指为确保不可能因食用某种食品而危及健康或造成伤害的一种承诺，也就是食品绝对没有风险。不过，由于人类的任何一种饮食都存在风险，绝对安全或零风险在客观上很难达到。而相对安全是指一种食物或成分在保证食用方式合理和正常食用量的情况下，不会对健康导致损害的实际确定性，这

---

① 刘畅：《日本食品安全规制研究》，吉林大学2010年博士学位论文，第29页。

种安全性才具有现实的可操作性。

3. 社会性

食品安全是一个反映在社会背景下对多种多样的权利和利益进行调整的概念。[①] 利益的各方主体基于不同利益的追求不可避免地产生利益冲突,这就要求建立完善的保障机制以协调好各方利益,保持利益的平衡。食品安全问题的社会性主要体现为各方利益主体的不同利益诉求,而如何来平衡这些利益就成了保障食品安全的核心问题。人类文明史告诉我们,在目前的社会形态下,法律是调整和平衡利益的最佳手段。在食品安全领域中,法律以维护消费者合法权益为立法目标,其所调整的对象就是食品安全利益相关者之间的利益关系,具体包括以下三种:其一,国家主导下的食品安全规制所产生的国家与企业、个人之间的利益关系;其二,食品生产、经营者之间,以及他们内部的利益关系;其三,食品生产、经营者与消费者之间的利益关系。这三种利益关系形成了纵横交错、上下互动、内外结合的多维度、多角度的食品安全利益复杂性,同时彰显出国家、企业、消费者等多方主体在食品生产、加工、流通和消费过程的利益多元化和社会关系性。由此可见,食品安全的社会性要求各个利益主体都可参与食品安全的风险评估和规制。

4. 公益性

食品安全不仅关系到每一位国民的生命健康,同时还与经济发展、国际贸易以及环境污染等问题密切相关。也就是说,食品安全在其发展过程中除了体现出对每一位国民个人利益的关注和保护之外,还体现出了对公共利益的考量。因此,食品安全也具有公益性属性的一面,具体表现为以下四个方面。

第一,食品安全的公益性是人权保护的基础。1948 年《世界人权宣言》第 25 条规定:“每个人都有享受适当水平的健康和福利生活的权利,包括食物、衣服、住房、医疗和必需的社会服务。”世界卫生组织和世界粮农组织于 1992 年发表的《世界营养宣言》中明确指出:“获得充分营养和安全的食品是每个人的权利。”我国《食品安全法》第 1 条:“为了保证食品安全,保障公众身体健康和生命安全,制定本法。”世界上每个人不论肤色、种族、宗教、语言、性别都享有安全食品的权利,这是基本的人权。可见,食品安全是全人类都应享有的一项基本权利,食品安全的权利本质就是人权。

第二,食品安全的公益性彰显其政治价值取向。虽然政府职能经历了政治国家、“守夜人”国家、福利国家的历史变迁,但政府的保障安全职能长期以来却并未发生根本性的变化,有的学者甚至将保障安全视为政府的唯一职能,是政府权力和权威合法性的基础。政府作为公共利益的代表主体,在制定某项食品的质量标准时,不仅要考虑该项产品的性能、安全系数,还必须考虑其是否会对公共利益造成

---

① 王贵松:《日本食品安全法研究》,中国民主法制出版社 2009 年第 1 版,第 12 页。

损害以及社会伦理道德、文化传统等方面的影响。如各国对转基因食品的态度在某种程度上并不是真正基于对产品质量本身的考虑,而更多的是考虑到人们对食用这种产品的忧虑以及消费者组织的影响力,因此各国制定的标准往往大相径庭,这也体现出了不同国家具有不同的公共利益需求。

第三,食品安全的公益性是政府职能的必然要求。英国功利主义法学派创始人边沁认为,立法者要想保障社会幸福,就必须努力达到四个目标,即保证公民的生计、富裕、平等和安全。① 在这四个法律目标中,边沁把法律对社会安全的追求作为首要目标、最高目标和终极目标。而作为国家管理中最重要的执法机关同时又是职能法定的政府,食品安全作为社会安全中较为重要的一环,其公益性当然是凸显政府职能的关键一环。

第四,食品安全的公益性是政府合法性的基础。安全是人类追求的核心价值之一,位于各种价值之首,是其他法律价值的前提。如果一个社会连安全都不能提供,社会或者国家的合法性就不能得到认可,其他的止义、秩序、自由、效率和公平价值也都是无源之水和无根之木。国家通过对食品安全的法律规制来确认和保护人们的生命、健康、财产等基本人权,保障人们对未来预期的希望和动力,确立政府权威和政府合法性。

三、食品安全与相关概念

(一)食品安全与食品卫生

世界卫生组织 1984 年在题为《食品安全在卫生和发展中的作用》的文件中,曾把"食品安全"与食品卫生作为同义语,定义为:"生产、加工、储存、分配和制作食品过程中确保食品安全可靠,有益于健康并且适合人消费的种种必要条件和措施"。1996 年世界卫生组织在其发表的《加强国家级食品安全性计划指南》中则把食品安全与食品卫生作为两个概念不同的用语加以区别。其中食品安全被解释为"对食品按其原定用途进行制作和食用时不会使消费者受害的一种担保",食品卫生则指"为确保食品安全性和适合性在食物链的所有阶段必须采取的一切条件和措施"。具体来讲,食品卫生是指提供人类食用的各种食品,在其生产、运输、储存、加工、销售、烹饪、食用等各个环节必须符合饮食卫生标准,保证各种食品所含营养和能量安全进入人体,参与人体的新陈代谢。② 食品安全,食品(食物)的种植、养殖、加工、包装、储藏、运输、销售、消费等活动符合国家强制标准和要求,不存在可能损害或威胁人体健康的有毒有害物质以导致消费者病亡或者危及消费者及

① [英]边沁:《政府片论》,沈叔平等译,商务印书馆 1995 年第 1 版,第 204 页。

② 石扬令,常平凡:《中国食物消费分析与预测》,中国农业出版社 2004 年版,第 34 页。

其后代的隐患。①

食品安全和食品卫生的区别有两点。一是范围不同,食品安全包括食品(食物)的种植、养殖、加工、包装、贮藏、运输、销售、消费等环节的安全,而食品卫生通常并不包含种植养殖环节的安全。二是侧重点不同,食品安全是结果安全和过程安全的完整统一,食品卫生虽然也包含上述两项内容,但更侧重于过程安全。所以,《食品工业基本术语》②将“食品卫生”定义为“为防止食品在生产、收获、加工、运输、贮藏、销售等各个环节被有害物质(包括物理、化学、微生物等方面)污染,使食品有益于人体健康、质地良好,所采取的各项措施”。

(二)食品安全与食品质量

1996 年世界卫生组织在《加强国家级食品安全性计划指南》中把食品质量定义为:“食品满足消费者明确的或者隐含的需要的特性”。食品安全涉及那些可能使食品对消费者健康构成危害(无论是长期的还是马上出现的危害)的所有危害因素,这些因素是毫无商量余地,必须消除的。食品质量包括可影响产品消费价值的所有其他特性,这些特性包括不利的和有利的,例如腐烂、污染、变色、变味等,以及食品的产地、颜色、香味、质地和加工方法等。食品安全和食品质量都是一种保证形式。食品安全是指食品是安全并避免伤害的担保,食品质量是指满足人们的某种需要。

食品安全包括四个成分:一是成分安全,不包括含有危害人体健康的成分;二是功能安全,食用后不影响人体的正常新陈代谢;三是免疫安全,不能带有导致人体发病的动物、微生物和病毒;四是遗传安全,即不改变人类基因和人类的遗传功能。③ 由此可见,食品安全、食品卫生、食品质量的关系,并不是平行的关系。食品安全与食品质量有一定的交叉,而食品安全涵盖了食品卫生的概念。

(三)食品安全与粮食安全

粮食安全(food security)是指保证任何人在任何时候都能得到为了生存与健康所需要的足够食品。1983 年世界粮农组织总干事爱德华·萨乌马对粮食安全的概念做了修改。在新的定义中,粮食安全的最终目标应该是,确保所有的人在任何时候都能买得到、又能买得起他们所需要的基本食品。具体来说,一是确保生产足够数量的食品;二是最大限度地稳定食品供应;三是确保所有需要食品的人都能获得食品。食品安全(food safety)是指品质和特性要求上的安全,而粮食安全则使数量供给或者供需保障上的安全。粮食安全与社会分配也有关系。饥荒是指一些

---

① 谢明勇,陈绍军:《食品安全导论》,中国农业大学出版社 2009 年版,第 56 页。

② 《食品工业基本术语》(GB/T 15091—1994)由国家技术监督局 1994 年 6 月 3 日发布,于 1994 年 12 月 1 日正式实施。

③ 石扬令,常平凡:《中国食物消费分析与预测》,中国农业出版社 2004 年版,第 30 页。

人未能得到足够的食物，而非现实世界中不存在足够的食物。[1] 食品安全与粮食安全的主要区别：一是粮食与食品的内涵不同。粮食是指稻谷、小麦、玉米、高粱、谷子及其他杂粮，还包括薯类和豆类，而食品的内涵要比粮食更为广泛；二是粮食与食品的产业范围不同。粮食的生产主要是种植业，而食品的生产则包括种植业、养殖业、林业等；三是发展战略和评价指标不同。粮食安全主要是供需平衡，评价指标主要有产量水平、库存水平、贫苦人口温饱水平等，而食品安全主要是无毒无害，健康营养，评价指标主要是理化指标、生物指标、营养指标等。

（四）食品安全与生物安全

生物安全是指现代生物技术的研究、开发、应用，以及转基因等生物产品的跨国、跨境转移，不存在可能损害或威胁生物多样性、生态环境，以及人体健康和生命安全的物质。总体上说，生物安全就是控制粮食与农业，包括林业和水产有关的所有生物和环境风险（即涉及粮食安全以及动植物生命与卫生的领域）。该风险包括从转基因作物、外来品种和传入的动植物害虫，到生物多样性侵蚀、跨界牲畜疾病的扩散、战争有毒武器等内容。世界粮农组织农业委员会认为：食品安全本身就是生物安全的组成部分，生物安全包括三个部分，食品安全、植物生命和健康、动物生命和健康，涵盖所有解决食品和农业危机的政策和规制框架（包括工具和行动）。生物安全因此就与食品安全、环境的保护（包括生物多样性）和农业可持续发展有着直接关系。由此可见，食品安全与生物安全属于交叉关系，其中与生物产品消费相关的安全属于食品安全范畴，而其他与生物种群、生态环境影响相关的安全则不属于食品安全范畴。

四、我国食品安全领域现存问题

改革开放以来，我国在提高食物供给总量、增加食品多样性，以及改进国民营养状况方面取得了令人瞩目的成就。但是长期以来中国的食品供应体系主要是围绕增加食品供给数量问题而建立起来的，作为一个发展中国家，目前中国在农业投入品供给、产地环境、动物防疫体系、农产品生产、食品加工以及销售等环节仍然存在安全隐患，假冒伪劣食品屡禁不止、重大食品安全事故屡有发生，食品安全标准体系、检测体系、认证体系等方面还存在明显的不适应性。加之中国食品安全管理权限分属食品药品监督管理、农业、卫生、质检、商务、工商、科技、环保等部门，形成了多部门管理格局，不同部门仅负责食品链的不同环节。这种以分段监管为主、品种监管为辅的监管体制常常导致职责不清、管理重叠和管理缺位等问题。

---

① ［印］阿马蒂亚·森：《贫困与饥荒》，商务印书馆2000年版，第5页。

（一）食源性疾病频发

衡量食品安全状况的直接指标，就是食源性疾病的发病率。食源性疾病是我国的一个重要致病来源，也是食品安全问题最直接的表现之一。按照卫生部提供的统计数字，中国最近几年的食品安全问题呈现上升趋势。卫生部近年来的监测结果表明，从食品数量来看，动物性食品是我国食物中毒原因类别中占比最多的食品类别，其中以肉及肉制品引起的食物中毒最多，其次为水产品。我国的食物中毒主要发生在集体食堂和饮食服务单位，家庭和食品摊贩也占了很大比例。食物中毒报告是反映食品安全水平的一个重要方面。从目前的统计数字来看，我国每年食物中毒报告例数约为2万至4万人，但专家估计这个数字尚不到实际发生数的1/10。根据世界卫生组织估计，发达国家食源性疾病的漏报率在90%以上，发展中国家则为95%以上，以此推论，我国目前掌握的食物中毒数据仅为我国实际发生的食源性疾病的“冰山一角”。

（二）日常食品的安全隐患

作为人们日常消费的粮食类、植物油、蔬菜类、果品类、畜禽食品和水产品等均存在不同程度的安全隐患。

1. 粮食

作为中国人的日常主食小麦和大米的安全尤为重要，以二者为例，主要存在以下问题。

首先是重金属超标，2013年5月18日，广州市食品药品监督管理局公布了镉超标的8批次大米及米制品生产厂家、品牌标识。广东主要的大米供应地之一湖南再次成为“重灾区”。无独有偶，北方的小麦重金属超标也屡见报端。其次是滥用食品添加剂，我国《食品安全标准 食品添加剂使用标准》（GB 2760—2014）将原粮和大米纳入不得添加食用香料、香精的食品名单，但大米中乱加香精的事情时有发生。2010年7月12日CCTV《消费主张》报道了市场上鼎鼎大名的“五常香米”，绝大部分竟然是“杂牌米+香精”熏出来的。更令人震惊的是，在原产地黑龙江省五常市，多数大米加工厂都是用普通的品种混搭之后，再添加香精，加工出“五常香米”。最后是滥用非食用物质，适当抛光不仅使大米外观更好，吃起来口感也会更佳，对人体也没有害处。但过度抛光的大米虽外表美观，营养却大大降低，有些不法商贩在大米加工环节添加矿物油对一些霉变的大米进行抛光处理，以次充好。2001年7月底，广东省卫生、公安和工商等部门联合行动，在广州白云区3个非法加工大米的仓库查获使用过期储备粮加工、含有黄曲霉毒素和矿物油等致癌物质的大米308吨。

2. 植物油

食用植物油是人民群众的生活必需品，因此食用油安全问题一直倍受关注。现阶段食用植物油主要存在以下问题：首先是质量问题，在国家职能部门如工商、质检等部门的例行抽检中,食用油质量不合格事件屡有发生。其次是转基因原料问题,从油料来源的角度,从国外进口的大豆多为转基因产品。转基因是一项新兴技术,其安全性还有待进一步研究,尤其是转基因食品对人体健康可能造成的各种影响,近年来一直是各国科学家研究和争论的焦点。欧美各国要求直接将食物成分(是否含转基因)标注出来告诉消费者。在欧洲的一些发达国家,甚至禁止生产和进口转基因食品。我国农业部和质检总局也发文,要求食品生产企业必须将原料中所含的转基因成分明确标示在产品外包装上,让消费者在享有足够知情权的情况下自主选择。最后是地沟油问题,地沟油是一个泛指概念,是对各类劣质油的统称,一般包括泔水油、煎炸废油、食品及相关企业产生的废弃油脂等。地沟油最早是用来生产肥皂或皂液的,然而由于伴随其中的暴利等原因,一些非法经营者将其重返餐桌。在炼制"地沟油"的过程中,动植物油经污染后发生酸败、氧化和分解等一系列化学变化,产生对人体有重毒性的物质,作为日常使用会严重危害人体健康。但是目前缺乏有效的监管和市场调节手段,虽然最高人民法院、最高人民检察院、公安部联合下发《关于依法严惩"地沟油"犯罪活动的通知》要求各级人民法院、人民检察院、公安机关依法严惩"地沟油"犯罪活动,公安部也展开了专项打击行动。

3. 果品和蔬菜

对于果品和蔬菜而言,农药残留是主要问题。频发的"农药残留"问题已经将"高毒""高残留""农药"推向了风口浪尖,时时在触动着消费者脆弱的神经。现阶段,农药残留问题的范围已不仅仅是我们所熟悉的水果蔬菜。2012 年 4 月 11 日,绿色和平(国际环保组织)在官网发布《2012 茶叶农药调查报告》显示,经过对北京、成都、海口等地的茶叶产品抽查检验发现,多个知名品牌产品均存在农药残留,某知名茶叶被检测出含有三种以上的残留农药。其中有茶叶甚至被检出含有农业部明确规定禁止在茶叶上使用的农药涕灭威、硫丹等有毒有害物质。

4. 畜禽产品

畜产品主要包括猪肉、牛肉、羊肉、牛奶、禽肉和禽蛋等。近年来,畜产品安全问题突出体现在"瘦肉精"、疯牛病、禽流感、新城疫、注水肉等方面。非法使用禁用兽药,如在饲料中添加性激素和镇静药等现象仍然屡禁为止。同时,不遵守休药期规定,超剂量、超范围用药都是导致兽药残留的重要原因。饲料及其原料中主要存在以下污染:农药残留,土壤、饲料中的重金属残留,有机污染物,微生物污染,畜禽性饲料污染等。

5. 水产品

近 20 年来,随着环境污染加重,水产养殖药物的滥用和超量使用,添加剂的滥用以及掺杂使假等,我国水产品安全存在的问题越来越复杂,出现了多起水产品质量安全问题。例如阳澄湖"大闸蟹"事件、北京"福寿螺"事件、"桂花鱼"事件。

2007年8月，美国宣布了一项对来自中国的养殖虾、鲮鱼和鳗鱼的扣留措施，由于当地新闻媒体连篇累牍地大加渲染，给中国水产品在国际市场的形象带来了极大的负面影响。在美国宣布扣留中国水产品事件之后，欧盟立即宣布启动对中国的人工养殖海产品的审查，韩国也宣布将34家中国水产品养殖场列入进口黑名单，并立即禁止这些水产养殖场向韩国出口水产品。

（三）农业投入品滥用

农业投入品是指在农产品生产过程中使用或添加的物质。包括种子、种苗、肥料、农药、兽药、饲料及饲料添加剂等农用生产资料产品和农膜、农机、农业工程设施设备等农用工程物资产品。

1. 化肥

化肥肥料主要为氮肥、磷肥和钾肥，农田大量施用化肥为近代农业的重要标志之一。合理使用合格化肥产品，是提高农作物产量的重要手段，不合理施用化肥，过量乃至滥施势必会造成土壤环境的污染。

化肥污染主要表现在过量的氮肥投入，过量使用氮肥不仅不能被蔬菜等作物全部吸收和利用，反而会转化成硝态氮在土壤中大量积累，引起蔬菜中硝酸含量过高和地下水污染。亚硝酸盐中毒可引发高铁血红蛋白血症，并致人死亡。而且，亚硝酸盐可进一步生成亚硝胺和亚硝酸胺等亚硝基化合物，均是致癌因子。我国早已成为世界上化肥施用最多的国家之一，氮肥（纯氮）年使用量2 500多万吨，单位面积用量为世界平均水平的3倍。据统计，每年我国氮肥损失高达1 500万吨，大量未被农作物吸收利用的氮营养素以滞留、吸附、反硝化等方式污染土壤环境。

2. 农药

现代农业使用农药是必需的，但不可否认的是，不科学、不合理使用农药可能导致农产品中农药残留超标，严重时可能造成消费者急性中毒。长期食用农药残留超标食品，可能对消费者的身体造成慢性危害。在发达国家，一般杀虫剂占总产量的30%，除草剂占50%，杀菌剂占18%。而我国各类农药产量中，以杀虫剂为主体，占总产量的70%，除草剂占总产量的16%，杀菌剂仅占10%，足可见，与发达国家存在较大差距。在我国杀虫剂中有机磷农药产量占杀虫剂70%，在有磷农药中高毒品种的产量又占有机磷农药产量的“70%”，这就是所谓的结构不合理的三个“70%”。不少复配农药以商业名称流通，农民误用也会造成蔬菜农药残留超标。

由于农药品种结构单一，使用效率低，带来严重的后果。一是高毒农药，如甲胺磷、久效磷、对硫磷、甲基对硫磷常常造成人畜急性中毒。20世纪90年代以来，我国平均每年农药中毒人数约9万人，其中死亡人数高达7 300多人。此外，有些农药虽急性毒性不高，但长期使用会对人造成致畸、致癌、致突变的影响。二是长残效农药造成后茬作物产生药害。20世纪90年代以来,我国长效除草剂使用面积逐年增大,全国已达1.5亿亩左右,在轮作的农田中对后茬敏感作物造成严重药害,被称为“癌症田”。三是农药结构单一和使用不当引起的病虫抗药性问题日益普遍和频繁,导致防治效果大幅度下降。

3. 兽药

兽药包括化学药物、饲料药物、添加剂和生物制品。兽药的应用极大地促进了畜牧业的发展。由于药物具有良好的保健和促生长作用,故在畜牧业中应用日趋普遍,用量也逐年增加。但兽药残留对人体健康会带来一些不利影响,主要表现为变态反应与过敏反应、急性毒性作用、细菌产生耐药性、“三致”(致畸、致突、变致癌)。上述问题的出现主要存在两方面的原因:一方面,由于我国畜牧业经济实体规模小、数量多,一线从业人员素质普遍偏低,用药存在着许多误区,无休药期概念,进而导致在畜产品中兽药残留现象非常严重;另一方面,在兽药管理上,现有的人力远远不能适应兽药的发展。

由于兽药残留问题严重,一方面使得我国消费者健康受到威胁,另一方面我国的兽类食品的出口数量受到严重影响。

4. 饲料

虽然我国的饲料安全工作不断加强,饲料产品的质量水平不断提高,但从目前来看,我国的饲料安全问题还远远没有解决。我国现阶段饲料安全中存在的主要问题如下:一是饲料中添加违禁药品;二是超范围使用饲料添加剂,一些企业和个人将未经审定公布的饲料添加剂用于饲料生产;三是不按规定使用药物饲料添加剂。超允许品种添加、超限量添加药物添加剂、不遵守休药期规定等现象比较普遍的存在,还有的不遵守配药禁忌等规定,或者将不同品牌的饲料产品混合饲用,致使属于配药禁忌的几种药物被同时使用;四是在反刍动物饲料中添加和使用动物性饲料。一些养殖场(户)无视国家禁令,在反刍动物饲料中添加动物性饲料产品,造成一定的疯牛病的隐患;五是污染及霉变造成的饲料卫生指标超标;六是饲料标签标识行为问题。在全国饲料和饲料添加剂质量监督抽查检测中发现,多数动物性饲料没有标签,配合饲料、浓缩饲料、饲料添加剂、添加剂预混料也存在无标签的现象。

(四)食品生产流通环节问题

在生产环节中,生产环境投入品及生产管理都影响食品安全。从生产环节来看,我国有2亿多农户,农户生产经营规模分散狭小,每户供应能力较低,是全世界生产和供应规模最小的农户。以最易出现问题的养殖为例,我国的养殖企业和养殖农户加在一起,其数量已超过了一个亿。这么一个分散而又具有庞大数量的群体,分散的农户很少遵守管理部门规定的各项生产操作规范,要控制农产品的安全是非常困难的。

从食品加工环节来看，食品安全涉及环节多，波及面广。据统计，目前我国食品加工类企业绝大多数都是极为分散的小规模形态，基本属于家庭作坊式的厂点，根本不具备生产合格产品的工艺设备条件。在国家质检总局“两查”期间调查的60 085个生产企业中，100人以下的小型企业占94.9%，10人以下的家庭作坊式的企业或生产厂点占79.4%。但是正是这些小规模企业生产了国家需要产量一半以上的小麦粉、大米、酱油、食醋等生活必需品。小麦粉、酱油、食醋、食用植物油、大米企业不具备安全生产条件的分别占该类产品企业总数的29.8%、74.9%、74.4%、91.3%和58.5%。更有甚者，一些食品生产制作者为牟取暴利，不顾消费者的安危，在食品生产经营中掺杂使假。例如利用工业用化学品生产加工有害食品、矿物油抛光大米，用硫黄、过氧化氢、福尔马林等化学原料加工水发食品，超标使用食品添加剂等。我国还有相当数量的食品企业管理混乱，不按标准组织生产。调查表明，有25%的企业不执行标准或者无生产标准，大量家庭作坊式的个体生产加工厂点根本没有内部管理规章制度，现场管理混乱，管理水平很低。

食品在流通过程中，如果被致病性微生物污染或使用化工制剂处理鲜活农产食品，会造成农产食品的不安全。储藏运输流通的方法和条件不合格，如运输车辆不清洁，在使用前未经彻底清洗和消毒而连续使用，都会严重污染新鲜的食品。目前，我国食品储运设施和技术比较落后，参加流通的人员复杂，流通市场类型多样，农民中介组织发育缓慢，存在着监管乏力，隐患较多等安全问题。

在销售环节，由于规范化管理的企业在食品供应链中的主体地位尚未形成，农产营运组织（专业合作组织、专业协会、经纪人等）作用有限，在供应环节保障食品的安全性非常困难。

目前除了少量食品已经开始实施食品安全市场准入制度外，占据大多数比重的食品还未起步设定制品安全准入，特别是各地农贸批发市场在这方面的管理能力比较薄弱，物流设施水平总体不高，工作人员缺乏食品卫生、安全等方面的培训，造成假冒伪劣行为屡禁不止。

【知识拓展】

质量安全标志

QS是英文quality safety（质量安全）的缩写，获得食品质量安全生产许可证的企业，其生产加工的食品经出厂检验合格的，在出厂销售之前，必须在最小销售单元的食品包装上标注由国家统一制定的食品质量安全生产许可证编号并加印或者加贴食品质量安全市场准入标志“QS”。食品质量安全市场准入标志的式样和使用办法由国家质检总局统一制定，该标志由“QS”和“质量安全”中文字样组成。标志主色调为蓝色，字母“Q”与“质量安全”四个中文字样为蓝色，字母“S”为白色，使用时可根据需要按比例放大或缩小，但不得变形、变色。有“QS”标志的食品，即意味着该食品符合质量安全的基本要求。

质量安全

绿色食品标志

绿色食品并非指颜色是绿色的食品，而是我国对无污染的、安全的、优质的、营养类食品的总称。类似食品在其他国家被称为有机食品、生态食品、自然食品等。

绿色食品标志是由绿色食品发展中心在国家工商行政管理总局商标局正式注册的质量证明标志。它由三部分构成，即上方的太阳、下方的叶片和中心的蓓蕾，象征着自然生态；颜色为绿色，象征着生命，农业和环保；图形为正圆形，意为保护。AA级绿色食品标志与字体为绿色，底色为白色，A级绿色食品标志与字体为白色，底色为绿色。整个图案表达描绘了明媚阳光照耀下的和谐生机的景象，告诉人们绿色食品是出自纯净、良好生态环境的安全、无污染食品，能给人们带来蓬勃的生命力。

绿色食品标志作为一种产品质量证明商标，其商标专用权受《中华人民共和国商标法》保护。标志使用是食品通过专门机构认证，许可企业依法使用。

保健食品标志

保健食品标志，为天蓝色图案，下有保健食品字样，俗称“蓝帽子”。是由国家食品药品监督管理局批准的国产保健食品和进口保健食品的批准文号。“国”代表国家食品药品监督管理局，“G”代表国产，“J”代表进口。

保健食品
国食健字G20×××
国家食品药品监督管理局批准

（2003年以后的国产保健食品批准文号、保健食品标志）

保健食品
国食健字J20×××
国家食品药品监督管理局批准

（2003年以后的进口保健食品批准文号、保健食品标志）

第二章

食品安全基本原则

食品安全法基本原则是食品安全法基础理论中的核心，它体现着食品安全法的根本价值，反映着食品安全法的本质，并对食品安全法的立法和贯彻执行起着普遍的指导作用。研究食品安全法的基本原则，使我们能够正确认识《食品安全法》的本质，有利于建立科学的食品安全监管体系，客观、准确、科学地概括、分析、提炼我国食品安全法的基本原则，对于我国食品安全法理论和实践都具有重要的意义。①

第一节 分段监管原则

一、分段监管原则的历史

当今世界各国都会根据各自国情通过立法建立不同类型的食品安全监管模式，主要有分段监管模式、单一部门监管模式和统一协调监管模式。不同的监管模式体现了不同的监管原则，而每一种监管原则的形成都有着独特的历史和法律体系支撑。分段监管模式形成于美国，目前主要以美国和日本为代表。

美国于1906年通过了第一部《纯净食品和药品法》，并随后颁布了五部法案，确立了详细的检验标准和检验程序，使涉及食品和药品安全的法律不断得到完善，这些法律涵盖了美国所有的食品领域，使各个食品环节在监管上做到了有法可依。在美国，负有食品安全监管职责的部门主要有卫生与人类服务部（DHHS）、食品药

---

① 谭德凡：《论食品安全法基本原则之风险分析原则》，载《河北法学》2010年第6期，第18页。

品管理局(FDA)、美国农业部(USDA)、食品安全与监测服务部(FSIS)、动植物健康监测服务部(APHIS)、环境保护机构(EPA),以及地方和州政府食品安全机构等,另外海关部门定期检查、留样监测进口食品。美国农业部的食品安全检验局负责确保肉、禽和蛋制品安全、卫生和正确标识;动植物健康检验局负责防止植物和动物的有害生物和疾病;卫生部的食品和药品管理局,负责保护消费者免受掺杂、不安全和虚假标贴的食品危害,管辖的食品范围是除 FSIS 管辖范围之外的所有食品;EPA 负责包括保护消费者免受农药带来的危害,改善有害生物管理的安全方式。为了更好地完善这种分段监管原则,美国在 1998 年成立了“总统食品安全管理委员会”来协调全国的食品安全工作。

日本食品安全管理涉及农业、卫生和商业等多部门,过去主要由农林水产省和厚生劳动省负责实施具体的管理工作。近年来,为消除消费者对食品安全的不信任感,日本加强了对食品安全的管理,2003 年 6 月制定了《食品安全基本法》,并于同年 7 月在内阁府设置了食品安全委员会。《食品安全基本法》明确勾勒出日本所实行的是一种在分段监管原则的指导下,相关职能部门各负其责的监管模式。新法明确了各机构的作用,有效避免了各部门职能之间的交叉重复,并致力于实现协调统一。

我国的食品安全分段监管模式从产生到最终形成是伴随着我国食品安全立法过程而逐步完善的。新中国成立初期,人们对现代意义上的食品安全还没有明显的需求,加之计划经济时期国有企业并非以盈利为唯一目的,在政府的直接指挥和监督下,食品假冒仿冒问题十分少见,政府部门也只是对由食品卫生问题引发的疾病进行管理。1964 年国务院制定了《食品卫生管理试行条例》,这一举措初步确定了当时的食品卫生管理体制,即以卫生部为主管,国务院相关单位大力配合和互相协作的食品卫生管理体制。1979 年,国务院正式颁布《食品卫生管理条例》,依旧延续了 1964 年确定的管理体制。1982 年《食品卫生法(试行)》确立了我国由卫生部门单独监管,地方县以上由卫生部下属的防疫站或检验所进行卫生执法的食品卫生监管体制。1995 年《食品卫生法》的颁布更加明确了我国的食品卫生监督管理体制,确立了由国务院卫生行政部门主管全国食品卫生监督管理工作,国务院有关部门在各自的职责范围内负责食品卫生管理工作,分清了国务院卫生行政部门与国务院其他有关职能部门的职责。1995 年后,伴随我国食品工业的迅猛发展,食品安全问题不断涌现,由单一部门监管显得力不从心。2004 年国务院出台了《国务院关于进一步加强食品安全工作的决定》,确立了分段监管为主、品种监管为辅的食品安全监管体制。2009 年《食品安全法》的颁布进一步明确规定了我国食品安全分段监管体制。

二、我国分段监管原则的具体内容

我国的食品安全分段监管原则是在坚持按照食品生产、加工、流通的每个环节在专门的行政部门负责下,采取以各尽其责为主导方针,分段监管为主、品种监管为辅的多机构分段监管原则。在这种分段监管的原则下,我国形成了与之适应和配套的食品安全监管体制,这种监管体制是国家对食品安全实施监督管理采取的基本制度。它是国家有关食品安全的法律、法规和方针、政策得以有效贯彻落实的组织保障和制度保障。同时在该监管体制的约束下,各环节政府行政机构依据法律授权,通过制定规章、设定许可、监督检查、行政处罚和行政裁决等一系列行政处理行为,对社会经济活动中的食品生产经营者进行具体化监管。①

2010 年,国务院设立了食品安全委员会,作为国务院食品安全工作的最高层次议事协调机构,有 15 个部门参加。国务院食品安全委员会的主要职责是分析食品安全形势,研究部署、统筹指导食品安全工作;提出食品安全监管的重大政策措施;督促落实食品安全监管责任。卫生和计划生育委员会承担食品安全综合协调职责,负责食品安全风险评估、食品安全标准制定、食品安全信息公布、食品检验机构的资质认定条件和检验规范的制定,组织查处食品安全重大事故。质检总局、工商总局和食品药品监督总局分别对食品生产、食品流通、餐饮服务活动实施监督管理。至此,我国正式形成了在中央层面由一个机构协调,具体监管由 5 个部门在各自领域分别管理的分管监管体制。

三、我国分段监管原则的进一步完善

食品安全问题不仅影响广大人民的正常生产生活,也影响我国的经济发展和社会稳定。因此,我国的分段监管原则亟须进一步完善。

(一)建立统一的食品安全执法机构

在现阶段我国的分段监管体制下,存在着高层缺失、分工过细,职能重叠,权限不清等问题。国务院食品安全委员会作为一个协商议事部门,并没有具体的管理执行职能与权限,这就使现有的监管体制形成了多头分散、齐抓共管而最后无人负责的局面。再加上卫生部作为一个部级单位,在协调众多同级部门的过程中,存在很大的局限性。

就世界范围而言,各国逐渐意识到了分段监管模式带来的问题,食品安全监管

---

① 王锡锌:《依法行政的合法化逻辑及其现实情境》,载《中国法学》2008 年第 5 期,第 18 页。

模式普遍从分段监管向一体化管理转变，分段监管下的职能混乱，追责不便等问题，都可以在一体化模式下得到很好的解决与规避。纵观各国的发展实践，同时兼顾我国现阶段国情，我国迫切需要组建一个能够统领全局，具有独立地位，拥有食品安全统一执法权的部门，该部门应对食品的生产、加工、运输、销售和餐饮等一系列环节进行全程监管，从而形成以一个监管部门负责为主、其他部门协同配合的统一协调监管体制。这个部门应实行垂直管理，横跨食品安全的各个环节，进行统一监管。同时依托现有的大数据信息等现代化科技手段，在全国范围内建立统一的服务窗口和服务平台，针对过程中出现食品安全和紧急事件，可以进行快速、及时反应的同时，增加管理效率的便捷度，最大限度地降低食品安全风险，整合食品监管资源。

（二）充分发挥行业协会的作用

现阶段，我国应牢牢把握行业协会作为政府和企业的纽带作用，充分发挥其自律职能，实现行业内部的自我监督。

首先，行业协会可以通过制定协会章程来约束其成员的行为。在章程的基础上建立行业制度规划，通过制度规则约束企业，实现有序良性竞争；同时建立行业职业道德标准，使协会成员都能从行业整体利益出发进行经营活动，自我约束。其次，食品安全监管机关可以授权行业协会进行管理。相比于政府机构，行业协会在监管过程中更加专业和灵活。最后，行业内部要形成一定的惩罚机制，行业协会应对成员违反协会章程或职业道德标准的行为进行严惩。

（三）建立食品安全信息系统

现阶段，我国只要发生食品安全问题，往往会造成消费者大规模的恐慌，进而引发公众对于整个食品行业的担忧，这种担忧大部分是因为信息的不通畅。因此建立全国统一的食品安全信息系统势在必行，一方面可以确保公众的知情权，实现信息渠道畅通化，减少食品安全问题带来的负面影响；另一方面，通过建立统一的食品安全信息系统，有效震慑不良企业的投机取巧，加强对企业的监督与监管。

食品安全信息系统中应当涵盖以下内容：首先，要强化分段监管中各部门的披露机制，建立行之有效、高效快捷、真实无误的信息发布平台。监管部门应当对生产领域和流通领域的所有食品及生产企业和销售企业进行抽查，定期发布监测信息，充分保障消费者的知情权，使消费者能更好地了解产品的各项信息。同时食品生产者、经营者也应定期向社会大众公布本产品和本企业的自检报告，建立企业信用评价体系。其次，应完善现有的食品标签管理制度，充分发挥标签作用。2004年5月国家质检总局和国家标准化委员会联合发布新国家标《预包装食品标签通则》。相关部门还颁布了《预包装特殊膳食用食品标签通则》《食品营养标签管理规范》《进出口食品标签管理办法》《农业转基因生物标识管理办法》等规章。但是，食品标签没有起到提供基本产品信息、安全保存与处理等食品安全和营养信息的作用，而只是简单作为促销或广告的载体。我们可以借鉴发达国家在食品加工业和零售连锁超市中使用条码化、电子化标签进行问题食品鉴别和追溯的经验。消费者通过手机扫描商品二维码，即可查询商品的生产厂家、日期、检验等信息。伴随着技术的进一步发展，食品的生产、运输、存储和销售等一系列环节，从田间到餐桌都应有电子记录，实现全程动态监控。

第二节　预防原则

一、预防原则的形成和发展

工业革命后，伴随着生产力的快速发展，人类一方面创造了前所未有的物质财富，另一方面也造成了环境污染和破坏。在技术高速发展的同时，我们的认识局限性却一直存在。新的技术往往伴随着未知的、隐蔽的和长期的风险。面对这些问题，预防原则得到了越来越多国家的认可。随着科技的进步与快速应用所带来的越来越多不可预知和不能确定的风险，这一预防性措施逐渐被运用于环境保护、食品安全、公共卫生、国际贸易等领域，并发展成为预防风险、保护公共利益和促进可持续发展的预防原则。①

预防原则最早源于联邦德国，联邦德国 1976 年颁布的《联邦自然保护和景观规划法》第 4 条规定：“自然人和法人均应尽最大义务履行自然保护和景观管理的目标和原则，除不可避免的情形外，应避免使自然和景观受到损害。”根据该法，即便确实的损害尚未发生或者损害之发生的因果关系在科学上尚属未知，责任人也得被要求做出保护措施。1984 年德国通过《伦敦宣言》将预防原则引入国际条约，《伦敦宣言》第一次系统地论述了风险预防原则：“为保护北海免受最危险物质的有害影响，即使没有绝对明确的科学证据证明因果关系之前，也应采取风险预防的措施以控制此类物质的进入，这是必要的。”1992 年的《里约宣言》规定：“为了保护环境，各国应按照本国的能力，广泛适用预防措施。遇有严重或不可逆转损害的威胁时，不得以缺乏科学充分确实证据为理由，延迟采取符合成本效益的措施防止环境恶化。”2000 年的《生物安全议定书》重申基于预防方法，以确保转基因活体在跨国间之安全移转、处理与使用，同时不会对人类健康与生物多样性产生负面影响或构成风险。

---

① 洪德钦：《预防原则欧盟化之研究》，载《东吴政治学报》2011 年 2 期，第 1–56 页。

伴随着食品问题的频发，各国将环境法领域的预防原则引入食品安全领域。20世纪60年代起，欧共体开始制定一些法规确保动物的健康以避免感染疾病，并且要求动物产品必须符合安全标准。1987年的《罗马公约》要求欧盟委员会在做出有关健康、安全、环境和消费者保护的提案时应当设立一条高标准的保护标准。欧洲法院在1999年6月30日做出的司法裁定，明确重申预防原则适用时需要考虑的要素，认为与经济利益相比，保证公共安全无疑处于更为优先的地位。2011年，美国总统奥巴马签署了《FDA食品安全现代化法》，该法通过预防战略加强国家食品安全体系，重铸美国民众对食品安全的信心。根据该法，美国食品和药物管理局（FDA）将拥有更多保证食品安全的预防性举措以及更加清晰的监管架构。特别是强调预防食品安全事故的发生，防患于未然，避免出现像以前食品安全事故发生后再来考虑如何应对的被动局面。该法授权美国FDA就食品安全领域制定综合性的、以科学为基础的预防性控制措施。食品企业必须落实美国FDA制定的强制性预防措施，必须制定书面的预防性安全控制方案，该方案必须涉及对相关食品安全控制措施落实的监督机制，还必须明确采取的整改行动。

在我国，预防原则也是首先适用于环境保护领域，而后被引入食品安全领域。1973年《关于保护和改善环境的若干规定（试行草案）》确立了“预防为主”的方针。随后，中国《大气污染防治法》《水污染防治法》《清洁生产法》和《环境影响评价法》等环境法规也有预防污染、综合防治和清洁生产的内容。[①] 在食品安全法领域，《农产品质量安全法》在风险预防理念指导下，主张从源头对农产品质量进行管理和控制，将原本局限于流通领域的现实风险防控延伸到生产源头的潜在风险预防。《食品安全法》立法的目的就在于采取措施预防食品安全问题的发生，预防原则贯穿于整部法律。

二、预防原则的基本内涵

预防原则是一项行动原则，指将来很有可能发生损害健康，或者以现有的科学证据尚不足以充分证明可能发生的损害，或者以现有科学证据尚不足以充分证明因果关系的成立，为了预防损害的发生而在当前时段采取暂时性的措施。[②] 尽管现在学界对于预防原则的定义缺乏统一的认识，但是可以归纳出一些基本的要素。

（1）存有科学不确定性。科学上对于损害的性质、因果关系、规模及可能性存有相当的不确定性时，应考虑预防原则，以发挥危险预防的作用。

（2）须符合比例原则及成本效益的考虑。预防原则的应用应基于对风险可接

---

① 蔡守秋：《环境资源法教程》，高等教育出版社2005年版，第115页。

② 王贵松：《日本食品安全法研究》，中国民主法制出版社2009年版，第72页。

受程度的判断。国际条约对于风险有损害、严重损害、无法挽回损害或全球性损害等不同的叙述或规定，都反映出对风险可接受损害之程度的判断。预防措施必须与可能造成的损害相互对应，即符合比例原则且具体的预防措施应考虑成本效益。

(3)以科学分析为依据。预防原则须以某种程度或形式的科学分析为基础，纯粹臆测的科学不确定性，不得作为预防原则的依据，以避免形成主观的行政干预或变相的保护措施。

三、预防原则的适用

(一)食品生产经营许可制度

在我国，从事食品生产、食品流通、餐饮服务，应当依法取得食品生产许可、食品流通许可、餐饮服务许可。国家对食品添加剂的生产实行许可制度，申请食品添加剂生产许可的条件、程序，按照国家有关工业产品生产许可证管理的规定执行，食品添加剂应当在技术上确有必要且经过风险评估证明安全可靠，方可列入允许使用的范围。

(二)食品安全标准制度

通过制定并且实施严格的食品安全标准来真正实现食品安全源头治理、防患于未然。在我国，食品安全标准为强制执行的标准，除食品安全标准外，不得制定其他的食品强制性标准。食品安全标准分为国家标准、地方标准和企业标准，没有食品安全国家标准的，可以制定食品安全地方标准，企业生产的食品没有食品安全国家标准或者地方标准的，应当制定企业标准。

(三)食品安全强制检验制度

在我国，未经检验或经检验不合格的食品不准出厂销售。对于不具备自检条件的生产企业强令实行委托检验。

(四)食品安全标签制度

食品标签是粘贴在产品外包装上的标识。食品标签提供了食品的内在质量信息、营养信息、时效信息及食用指导信息等，是消费者选择食品的重要依据。食品标签应当清楚、明显，容易辨识，食品与标签应当一致。

第三节　风险分析原则

一、风险分析原则的形成和发展

伴随着现代社会科学技术的快速发展和广泛应用，随之产生的风险广泛性、不确定性和危害性，风险分析原则被引入食品安全领域，专家学者开始关注科技运用带来的食品安全问题，再加上公众对食品安全问题的关注，直接促进了有关国际组织和国家采取行动制定相关法律法规。

1991 年，世界粮农组织、世界卫生组织于罗马召开了“食品标准、食物化学品及食品贸易”会议，建议法典各分委员会及顾问组织在评价食品标准时，以适当的科学原则为基础，并遵循风险评估的决定。1994 年第 41 届食品法典委员会执委会会议建议世界粮农组织与世界卫生组织就风险分析问题联合召开会议，会议最终形成了一份题为“风险分析在食品标准问题上的应用”报告，同时对风险评估的方法以及风险评估过程中的不确定性和变异性进行了探讨。1997 年 1 月，世界粮农组织与世界卫生组织联合专家咨询会议提交了“风险管理与食品安全”报告，规定了风险管理的框架和基本原理。1998 年 2 月，该会议再次提交了题为“风险情况交流在食品标准和安全问题上的应用”的报告。至此，有关食品风险分析原理的基本理论框架已经形成。[①] 此后，世界贸易组织《实施卫生与动植物检疫措施协定》明确要求各国政府采取的卫生措施必须建立在风险评估的基础上，以避免隐藏的贸易保护措施。于是，各国在食品安全管理实践中都率先通过立法的方式，明确了食品安全风险分析的法律框架。

在欧盟地区，1997 年 4 月欧盟委员会发布《关于欧盟食品法的一般原则委员会绿皮书》，明确规定“确保法规主要以科学证据和风险评估为基础”。2000 年 1 月欧盟发布了《欧盟食品安全白皮书》，提出成立欧洲食品安全局，主要承担风险评估和风险交流工作。欧盟食品安全局主要由管理委员会、行政主任、咨询论坛、科学委员会和九个专门的科学小组组成，针对有关食品、饲料安全已存在的和潜在的风险提供独立客观的科学建议与明确的交流意见，为欧盟食品安全政策和立法提供科学基础，以确保欧盟委员会、成员国和欧盟议会及时有效地进行风险管理。

日本政府于 2003 年 7 月颁布了《食品安全基本法》，根据该法的规定成立了

---

① 赵燕滔：《食品安全风险分析初探》，载《食品研究与开发》2006 年第 11 期，第 226-228 页。

食品安全委员会，专门从事食品安全风险评估和风险交流工作。日本的食品安全风险管理部门主要是厚生劳动省和农林水产省。食品安全委员会的主要职能之一就是风险评估。食品安全委员会会根据风险评估报告向首相及具备风险管理职能的各省负责人提出政策建议，以便确保食品安全措施的实施。食品安全委员会还通过与国外政府、国际组织、相关部门和消费者、食品经销商等各利益相关方进行风险交流，确定自身食品安全风险评估的方向。

在我国，2001 年 9 月国家质量监督检验检疫总局公布《出入境检验检疫风险预警及快速反应管理规定》。2002 年 12 月，国家质量监督检验检疫总局发布专门针对风险分析管理的部门规章《进境动物和动物产品风险分析管理规定》，明确了国家质量监督检验检疫总局统一管理进境植物、植物产品和其他检疫物的风险分析工作。2006 年颁布的《农产品质量安全法》和 2009 年颁布的《食品安全法》都明确地规定了风险预防原则。同时，《农产品质量安全法》第 6 条规定，国务院农业行政主管部门应当设立由有关方面专家组成的农产品质量安全风险评估专家委员会，对可能影响农产品质量安全的潜在危害进行风险分析和评估。第 7 条规定，国务院农业行政主管部门应当根据农产品质量安全风险评估结果，采取相应的管理措施，并将农产品质量安全风险评估结果及时通报国务院有关部门。《食品安全法》则在总则中指出，国务院设立食品安全委员会负责食品安全风险评估，并在第二章以专章的形式规定食品安全风险监测和评估，要求建立食品安全风险监测制度和食品安全风险评估制度。

二、风险评估原则的内涵

风险分析（risk analysis）原则指的是对食品中可能存在的风险进行评估，进而根据风险程度来采取相应的风险管理措施以控制或者降低风险，并且在风险评估和风险管理的全过程中保证风险相关各方保持良好的风险交流状态。[①] 这一原则是对食品安全进行科学管理的体现，也是制定食品安全监管措施和食品安全标准的重要依据，已成为国际公认的食品安全管理理念。

根据世界卫生组织（WHO）和世界粮农组织（FAO）的分类，食品安全风险分析通常包括风险评估（risk assessment）、风险管理（risk management）和风险交流（risk communication）三个部分。

食品安全风险评估是指对人体接触食源性危害而产生的已知或潜在的对健康不良影响的科学评估，是一种系统地组织科学技术信息及其不确定性信息来回答

① 国家标准化管理委员会农轻和地方部：《食品标准化》，中国标准出版社 2006 年版，第 81 页。

关于健康风险具体问题的评估方法。风险评估要求对相关资料做评价，并选用合适的模型对资料做出判断。同时，要明确地认识其中的不确定性，并在某些情况下承认根据现有资料可以推导出科学上合理的不同结论。[①]

食品安全风险管理是指根据风险评估的结果，同时考虑社会、经济等方面的相关因素，对各种管理措施方案进行权衡，并且在需要时加以选择和实施，其目的是为了确定是否需要以及需要何种监管措施方可将风险降低至社会可以接受的水平，其首要目标是通过选择和实施适当的措施，尽可能有效地控制食品风险，从而保障公众健康。[②]

为确保风险管理政策能够将风险降低到最低限度，在风险分析的全过程中，相互交流起着十分重要的作用，食品安全的风险交流包括风险评估者、风险管理者及社会相关团体和公众之间的信息交流。

由此可见，风险评估、风险管理和风险交流是风险分析的三个基本组成部分。风险评估是整个风险分析体系的核心和基础，风险评估结果的科学与否决定了风险分析的有效性；风险管理则注重依据风险评估信息采取措施、做出决定；而风险交流则强调在风险分析全过程中的信息互动和良好沟通。

三、风险分析原则的法律适用

（一）食品安全风险监测制度

食品安全风险监测是指为了掌握和了解食品安全状况，对食品安全水平进行检验、分析、评价和公告的活动。食品安全风险监测的主要目的不是针对某一个执法，而是为了掌握较为全面的食品安全状况，以便有针对性地对食品安全进行监管，并将监测与风险评估的结果作为制定食品安全标准、确定检查对象和检查频率的科学依据。[③] 我国《食品安全法》在借鉴国内外先进经验的基础上，明确了食品安全风险监测制度。

（二）食品安全评估制度

在我国，依据《农产品质量安全法》，农业部设立由有关方面专家组成的农产品质量安全风险评估专家委员会，对可能影响农产品质量安全的潜在危害进行风险分析和评估。《食品安全法》规定国家建立食品安全风险评估制度，对食品、食品添加剂中生物性、化学性和物理性危害进行风险评估；食品安全风险评估结果是

---

① 国家标准化管理委员会农轻和地方部：《食品标准化》，中国标准出版社2006年版，第171页。

② 赵贵明：《食品微生物实验室工作指南》，中国标准出版社2005年版，第329页。

③ 信春鹰：《中华人民共和国食品安全法解读》，中国法制出版社2009年版，第32页。

制定、修订食品安全标准和对食品安全实施监督管理的科学依据。

第四节 信息公开原则

信息公开原则，是指为了实现公众的知情权，食品监管部门和食品生产经营者，除依法不得公开的信息外，与食品安全有关的任何信息应向公众公布的准则。①

一、确立信息公开原则的必要性

1. 信息公开是实现高效管理的需要

公开部分官方信息的主要目的在于降低管理成本，提高管理效率。目前，限制权力、保障权利和建立服务型政府虽然已成为党和国家的主要立法目标，但是提高行政效率依然是我们所要追求的目标。行政效率的提高，可以使行政机关更好地服务于民，更充分地保障公民的合法权益。因此，以公开为原则、不公开为例外，尽量充分公开政府信息，充分满足广大群众对政府信息的需要，保障公众的知情权也就成为我们的必然选择。

2. 保障公民的知情权的需要

国家从社会本位向个人本位转变、从义务本位向权利本位的转变，使得如何更加有效保护公民权利成为我们立法时的首要考量因素。知情权作为公民的一项基本权利已经得到了世界各国的普遍认可。《中华人民共和国政府信息公开条例》第1条明确规定："为了保障公民、法人和其他组织依法获取政府信息，提高政府工作的透明度，促进依法行政，充分发挥政府信息对人民群众生产、生活和经济社会活动的服务作用，制定本条例。"这一规定表明，公开政府信息是行政机关的一项法定义务，当行政机关怠于履行这一义务时，公民、法人或其他组织亦有权要求其履行公开义务。公开政府信息不再是行政机关的一种"恩赐"，而是为了保障公民、法人或其他组织的合法权益。食品安全关系着人民群众的健康和未来，公民有权获知食品安全的相关信息。《食品安全法》第10条明确规定：任何组织或者个人有权举报食品生产经营中违反本法的行为，有权向有关部门了解食品安全信息，对食品安全监督管理工作提出意见和建议。上述规定都体现了提高国家治理体系和治理能力现代化背景下信息公开原则对于公民知情权保障的必要性。

① 于江华：《食品安全法》，对外经贸大学出版社2010年版，第7页。

3. 市场交易信息不对称

信息不对称是指有关交易的信息在交易者双方之间的分布是不对称的，即一方比另一方占有较多的相关信息，处于信息优势地位，而另一方则处于信息劣势地位。食品“从农田到餐桌”的过程包括初级农产品种植环节、生产加工环节、流通环节、消费环节等，涉及食品供应链的诸多交易主体。其中生产者、加工者一般拥有最原始的、第一手的食品质量信息，都能充分掌握自己生产、加工产品的真实资料，明显占有信息优势；经营者通过积累的销售经验，对自己所销售食品的质量、来源、可靠性等也都有较深的了解，有较大的信息优势；而消费者对于食品信息的了解，多是通过广告及食品标签获知，完全处于信息劣势地位，购买不安全食品的风险大大增加。交易者之间的这种信息不对称极易引起食品市场的内部失灵，从而降低资源配置效率，进而使消费者权益受损。在这种情况下，只有建立完善的食品安全信息公开制度，才能提高食品市场交易的透明度，有效缓解交易者之间的信息不对称；才能充分保障消费者的知情权，从根本上改善消费者的信息弱者地位；才能维护生产者和消费者的合法权益，引导食品市场的良性、有序、健康发展。

二、食品安全信息公开的范围

（一）食品安全日常监管信息

行政机关应当及时、全面、准确地公开食品安全监管工作中的相关信息，从而维护公民、法人和其他组织的合法权益。从食品安全日常监管工作的特点出发，应当公开的食品安全日常监管信息如下：特定行政区域的年度食品安全总体状况、年度食品安全风险监测计划实施情况、年度食品安全国家标准的制定和修改工作情况、依照食品安全法规实施行政许可的情况、依法责令停止生产经营的食品、食品添加剂、食品相关产品的名录、流通环节食品抽样检验最终结论，以及专项检查整治工作情况、查处食品生产经营违法行为的情况、行政法规规定的其他食品安全日常监督管理信息。目前我国许多地方的立法均有关于食品安全日常监管信息公开的规定，但具体的公开形式和内容却没有统一的、明确的规定。针对这种情况，应当建立食品安全日常监管信息公开范例制度，由国务院卫生行政部门统一制定食品安全日常监管信息范本，从而保证食品日常监管信息公开的统一性、科学性和合目的性。

（二）食品生产的供应链信息

鉴于食品安全的重要性，从“田间到餐桌”所有可能影响食品安全的整条食品生产供应链信息都应向公众公布。具体包括：产地的生态环境、生产与加工中的农业投入品和工业添加剂、流通过程中的详细信息及食品有害残留检测信息等。食品安全监督管理机关可以强制要求生产经营者在产品外包装上标示，对确实无法标示的信息,由生产经营者向食品安全监督管理机关提供,再由食品安全监督管理机关向社会公布。

（三）食品安全标准

食品安全标准是防止有害食品进入人们口中的有效屏障,亦是食品安全风险管理的重要依据。食品安全标准的公开是食品安全监督管理的重要内容。制定食品安全国家标准唯有科学合理、公开透明、安全可靠,才能保障人民群众的健康。《食品安全国家标准管理办法》第33条明确规定:“食品安全国家标准自发布之日起20个工作日内在卫生部网站上公布,供公众免费查阅。”但实际上,食品安全标准公开不仅仅是指食品安全标准文本公开,还包括食品安全标准的制定过程的公开,而后者往往是更为重要的公开。食品安全标准关于公民健康、行业利益和经济发展。从理论上说,食品安全标准制定过程本质就是国家、行业和公众三方群体的利益博弈过程。如果制定过程不公开,公众就无法有效参与食品安全标准制定过程,制定出来的食品安全标准的科学性、安全性就可能会存在问题,公民的健康权利就可能被“牺牲”。“金黄色葡萄球菌门”“乳制品新国标”等事件引发了人们对食品国家标准的“集体焦虑”,而导致这种焦虑的重要原因就是食品安全标准制定过程不透明。

（四）食品安全风险评估和风险警示信息

食品安全事故所导致的损害往往与人的生命、健康直接相关,具有不可恢复性。食品安全问题治理的首要目标是“防患于未然”,由此出发,食品安全风险评估和风险警示信息的及时公开就显得尤为重要。卫生行政主管部门要重点监测食源性疾病、食品污染、食品中的有害因素,对食品中生物性、化学性和物理性危害对人体健康可能造成的不良影响进行科学评估,对可能具有较高程度安全风险的食品,卫生行政主管部门应当采取应急措施,立即责令生产经营者采取整改、停产、下架等措施。各级食品安全监管部门应根据实际情况的需要通过政府网站、政府公报、新闻发布会以及报刊、广播、电视、短信、网络平台等便于公众知晓的方式向社会发布食品安全风险警示,以告诫、提示消费者提高警惕,从而确保消费者的身体健康、生命安全和财产安全免受不必要的侵害。

第五节　公众参与原则

一、公众参与食品安全监管的背景

为了促进我国食品安全监管的有效性、保障国民的食品安全,21世纪开始我国食品安全监管向多元化方向发展,从之前的"全能型政府"转变为"有限型政府""服务型政府",并且大力倡导公众参与食品安全监管。[①] 同时,政府颁布了相关法律法规,为我国食品安全监管的公众参与提供了有力的保障。

公众参与是近30年由法治发达国家发展起来的非常有效的民主形式。公众参与可以有效化解政府决策失误引发的社会矛盾,其作用主要集中在以下几个方面:立法领域、政府决策和公共治理领域。[②] 随着基层治理制度的不断完善,公众政策征询、环境评估、价格听证、立法听证等不断进入公共视野中,这都使得公民参与机制正从理论层面、制度层面不断转向实践层面。

二、公众参与的概念

公众参与指在公共权力对涉及公共利益的社会事项进行立法、制定公共决策、决定公共事务的过程中,社会群众、社会组织获取信息、参与决策、监督评价等一系列反馈互动行为的总和。公众参与的对象包括公民个人、舆论机构、社团组织和人民政协等,它们依据宪法以及相关法律法规,运用各种方式对党政部门及其工作人员遵守和执行国家宪法和法律、贯彻落实党和政府各项方针政策的情况以及工作作风方面实施监督,这种监督是非国家性质的、自下而上的监督。

公众参与食品安全管理,是指在食品安全监管领域里,公民根据国家食品安全法律赋予的权利和义务,通过一定的程序与途径,参与一切与食品安全监管相关的决策活动,使该项决策符合广大人民的切身利益制度的总称。[③] 食品安全监管领域的公众参与,既包括对国家权力机构的监督,也包括对食品经营者的监督。党的十七大报告明确强调"健全党委领导、政府负责、社会协同、公众参与的社会管理格局",食品安全监管领域的公众参与正是民主精神的延伸。

三、公众参与食品安全监管的法律基础

2009年2月28日我国公布的《食品安全法》中第10条就明确规定:任何组织或者个人有权举报食品生产经营中违反本法的行为,有权向有关部门了解食品安全信息,对食品安全监督管理工作提出意见和建议。2010年国务院颁布的《关于加强法治政府建设的意见》,提出"要把公众参与、专家论证、风险评估、合法性审

① 汤金宝:《我国食品安全管制中公众参与问题研究》,南京航空航天大学硕士论文,2010。

② 蔡定剑:《公众参与及其在中国的发展》,载《团结》2009年第4期,第32-35页。

③ 孔超,李洋:《试论我国食品安全监管的公众参与制度建设》,载《改革探索》2011年第9期,第38页。

查和集体讨论决定作为重大决策的必经程序”。2012 年 7 月 3 日国务院颁布了《国务院关于加强食品安全工作的决定》，其中第 7 点指出：动员全社会广泛参与食品安全工作。大力推行食品安全有奖举报，畅通投诉举报渠道，充分调动人民群众参与食品安全治理的积极性、主动性，组织动员社会各方力量参与食品安全工作，形成强大的社会合力，并指出应当充分发挥新闻媒体、消费者协会、食品相关行业协会、农民专业合作经济组织的作用，引导和约束食品生产经营者诚信经营。2012 年 6 月 19 日，国家食品药品监督管理局发布了《加强和创新餐饮服务食品安全社会监督指导意见》，意见具体提出：动员基层群众性自治组织参与餐饮服务食品安全社会监督，鼓励社会团体参与餐饮服务食品安全社会监督，支持新闻媒体参与餐饮服务食品安全社会监督，鼓励社会各界人士依法参与餐饮服务食品安全社会监督，为社会各界参与餐饮服务食品安全社会监督提供了有力的保障。一系列法律法规的颁布，表明了国家对公众参与食品安全监管的重视和治理食品安全的决心。

四、公众参与食品安全监管的作用

解决好公共食品安全问题，一方面要加强市场监管部门的监督职责，另一方面则需要全社会共同参与。由于食品安全自身具有公益性和非独占性的特点，促进公众参与食品安全，不但可以有效提升公众对于他们自身利益直接相关问题公共决策过程的认同，实现权利、承担义务，同时接纳公众参与，使其能够依托自身实践经验，提供有效信息，以促进制订解决方案的科学性与接受度。

（一）公众参与可以弥补政府监管的局限性

社会团体和公众由于自身利益相关性，在处理食品安全公共危机事件时会表现出较高的积极性。他们所采取的自救措施一般都较为直接和有效。中国拥有 10 人以下的食品生产加工企业达到我国食品生产企业总数的 80%。由于小型食品生产企业的数量之多，国家监管机关需要付出巨大的监管成本，为此食品安全监管机关常常显得力不从心。有了公众的积极参与，政府对于食品安全违规事件的处理就更加有效，甚至可以获得事半功倍的效果。公众作为食品的直接消费者，也是食品安全的受益者，可以将视角触及政府监管较难到达的地方，可以有效地弥补政府失灵的缺陷。

（二）公众参与可以节约政府行政成本

作为食品安全的直接受众者也是直接利益相关者，公众往往掌握着大量最直接有效的食品安全信息，从而减少了政府在这些领域食品安全监管所需要的成本。公众参与的另一个重要角色是食品行业协会，例如食品企业协会、食品质量检测协会、食品认证协会、食品风险评估协会等，这些机构集合了较多拥有掌握食品安全最新动态行业权威和专家，因此具有专业的检测能力，可以利用自身优势发挥行业作用，从而节约了政府在专业、技术方面的资金、人力以及时间投入，同时对那些技术比较匮乏的地方政府来说也是一种行之有效的支持。公众的参与不但不会阻碍对未知风险的认识，反而有利于风险的解决。

五、公众参与食品安全监管的完善

公众参与食品安全监管的全过程可以有效减少目前食品行业的乱象丛生，但是面对公众群体的庞大数量以及人员素质认知的参差不齐，我们需要对公众参与过程进行合理有效的引导。一方面，消费者应该树立正确的维权观，维权不分大小，遇到侵犯自身权利的行为时，应运用合理的方式对自己的合法权益进行保护；另一方面，政府应加大对违规食品企业的惩罚力度，建立食品企业信用体系。一旦发现违规行为，通过信用体系曝光，食品企业不符合国家标准的应该收缴其全部违法所得利润并且施以重罚，其负责人终身不得从事食品行业，并在企业和个人信用体系上载明。对于出售有毒有害食品的企业，其主要负责人除终身不得从事餐饮业以外还要追究其刑事责任等。“阳光是最好的消毒剂，灯泡是最好的警察”，通过信用体系对违法企业的曝光可以形成有效威慑，因为食品生产经营者一旦失去了消费者的信任就失去了生存的可能性。同时发挥手机、网络等新兴媒体的优势作用，搭建食品行业信用状况的信息发布平台，让消费者可以方便快捷地了解不同市场主体的信用状况。

美国在食品安全领域的司法实践中，明确规定了一般公众可以通过司法手段保证食品质量安全并提出公益诉讼。法律支持实施惩罚性罚款，原告胜诉后，不但可以要求支付诉讼费用和损害赔偿，还可以要求从惩罚性罚款中获得一定比例的奖励。借鉴美国的公益诉讼机制，我国应建立相应的诉讼制度，支持法院对违法企业进行惩罚性赔偿，并抽取一定的惩罚性赔偿金鼓励消费者举报揭发违法企业的不法行为。

第三章

食品安全规制

第一节　理论基础

一、食品安全法律规制的经济学基础

市场经济是一种以市场为基础配置社会资源的经济运行方式，当一切经济活动都通过市场进行，使市场机制成为资源配置的调节机制时，该种经济运行方式即市场经济。作为社会化大生产资源配置的有效方式，市场经济的优势是毋庸置疑的，如同一部复杂精良的机器，它通过价格和市场体系对个人和企业的各种经济活动进行协调。它也是一部传递信息的机器，能将成千上万各不相同的个人知识和活动汇集在一起。在没有集中智慧和计算的情况下，它解决了一个当今最快的超级计算机也无能为力的涉及亿万个未知变量或相关关系的生产和分配等问题。因此，现代经济学创始人亚当·斯密将市场经济运行比喻为“看不见的手”，的确形象地揭示出了市场经济机制自我运行的内在特性。①

市场是资源配置的有效机制，市场经济体制是迄今为止我们知道的，也是为经济实践所证明的最有效率的经济制度之一，但市场不是万能的，单靠市场的内在驱动，在巨额利润的引诱下，暴露出太多的食品安全问题，极大冲击了公众对于国产食品行业的信任度，也使得本就摇摇欲坠的国产食品信用岌岌可危。因此，在理论上可以自我调整、自我实现的市场经济在现实中却总是令人失望，引发了颇多弊

---

① ［美］保罗·萨缪尔森，威廉·诺德豪斯：《经济学》第12版，高鸿业等译，经济科学出版社1985年版，第70页。

端，存在着诸多“市场失灵”的地方。如何解决？公众开始将视野转向了政府这只“有形的手”，意识到单靠市场的自我驱动和调节并不是那么完美，开始呼唤政府介入，这也就为政府干预提供了必要和可能，法律规制就是政府干预下的一个有效手段。而食品安全问题为什么需要法律规制？这首先需要分析食品安全问题的经济学特征。

（一）食品安全的外部性

一方面，正规的厂商生产并出售合乎标准的食品，不仅解决了消费者的饮食问题，还给消费者带来了食品消费的满足感和食品卫生的安全感，这样的正规厂商对于消费者就产生了正面的外部性。同时，由于正规厂商的优质产品在消费者心目中留下了良好的印象，当消费者不能准确分辨优质产品和伪劣产品时，就可能凭借着正规厂商留给他们的印象而实际结果可能是购买了伪劣的产品，结果给非正规厂商也带来了收益。这样正规厂商对于非正规厂商的正外部性也就产生了。另一方面，非正规厂商生产的伪劣产品一方面影响了消费者的正常食用，同时，伪劣产品在消费者心目中留下的恶劣印象还导致其会对市场上的正规产品也产生怀疑。外部性是排他的，没有办法通过市场机制自动设置价格来管制。如果仅仅依靠市场的价格机制，不法的食品供应个人或厂商的行为可以损害他方，而无须承担招致损害的机会成本，同时还可以得到正规厂商带来的边际收益。

外部性属于市场失灵，需要政府干预。政府干预的原则是“外部效应内部化”，即构筑一种制度，让产生外部正效应的行为人获得比在市场自由作用下更多的收益，让产生外部负效应的行为人承担比在市场自由作用下更多的成本。

（二）信息不对称

在市场交易中，生产者和消费者对于食品品质信息的掌握量是不相同的。理论上，食品作为一种日常必需品，每天要发生大量的购买和消费行为，因此通过生产者和消费者重复博弈，食品市场最终可以改变信息不对称产生的市场低效率。但是，食品是一种特殊的商品，消费者即使通过观察、购买和消费，对有些品质属性仍旧是无法判断的，这些属性就是信任属性。比如说，消费者通过观察或者食用仍无法断定一种产品是否为有机食品，有的即使消费过后也无法直接判断对健康的影响，不少危害长时间才能显现出来，如癌症之类。通常企业会使用一些信号来传递质量信息，比方说产品说明、标签、品牌和价格等，将食品的这种无法观察或是体验的属性转换为观察属性，从而将质量信息传递给消费者。但是，消费者无法证实这些标签、声明的可信度，只能寄希望于企业凭借着自身的社会责任感与诚信度，依靠接收到的信息进行简单的自我识别。故而，一个规范的质量认证代理就很有存在的必要。一旦食品包装上有了消费者可信赖的标签，信任属性就变成了观察属性，从而消费者在购买之前就能够加以判断。

在市场机制下，不法的个人和厂商没有披露他们真实情况的动机。例如，在没有规制的情况下，软饮料的生产商不会主动提供饮料中的含糖量，以及对健康的危害。由于食品种类繁多，其品质的差异性极大，因此，商标品牌的不同也不能有效地解决食品安全问题。而且，一些熟食或饭菜等食品受各方面不稳定因素（如火候、配料或细菌感染等）的影响，其品质在日常生活中也有发生变化的可能，这就更加加重了信息的不对称性。因此，单纯依靠市场来解决是不可行的。

（三）食品安全的公共物品属性

公共物品是与私人物品相对立的经济概念。私人物品是指用于满足私人需要的物品。它的特点是具有竞争性和排他性，产权明晰，可以通过市场机制予以生产分配交换和消费。与之相反，公共物品是满足公共需要的物品，其特点是不具有竞争性和排他性，它包含有形物品（如城市道路、排污工程、良好的生态环境等）和无形物品（如国防安全、秩序、社会稳定及宏观经济协调等）两种类型。对于这些物品，一些人的享用不影响其他人的享用，新增加一个人的享用对成本的增加为零。人们在自私心理的驱使下习惯于“免费搭便车”，不会自愿为享用这种产品而付出代价。上述特点决定了公共物品不可能通过市场得到有效的提供，必然出现供给不足。但同时，公共物品又为市场正常运行和社会发展所必需。正因为如此，需要政府把提供公共物品或者组织公共物品作为自己的一项基本经济职能。

食品安全是典型的公共物品。在宏观层面上，食品安全和生产与消费、国家农业安全、粮食安全、国民整体身体素质和健康等事关国家发展和稳定的重大事项密切相关，因此必须采取有效的措施和手段才保障食品安全。生产食物的各个产业，具有公共产业的性质，这些行业的进步改善的是全社会的食品消费水平和消费结构，而不是部分成员的消费水平和消费结构。在微观层面上，市场参与者所需要的信息本身就是公共物品，一个消费者对信息的享用不影响其他消费者的享用。同时，由于信息的易传递性特点，信息消费者对于其他消费者享用的信息加以限制也是不可行的。因此，提供公共物品，相比提供其他产品，任何人得到的利益都是相当微小的，以致个人自己不会主动提供它，必须由政府来进行调控。

二、食品安全法律规制的政治学考量

（一）食品安全与执政能力

近年来，食品安全中存在的大量问题对各国政府处理食品安全的能力提出了挑战。中国公众要求加强食品安全的呼声很高，从每年的全国“两会”代表们提案中食品安全问题居高不下就可见一斑。食品安全事件与社会稳定密切相关，对政府的执政能力也是一种考验。正是因为如此，各相关部门和地方政府对这一问题高度重视，对于食品安全问题，不仅仅从经济角度来看，更重要的是从稳定社会秩序和保证国家安全的角度出发，充分认识其重要性，并采取有效措施防患于未然。

在市场经济条件下,国家职能的重心转向经济和社会发展,主要任务是维护市场经济秩序,为市场经济服务,其充当的角色是市场竞争的组织者和市场规则的裁判者。由于食品是人们的生活必需品,关系国计民生,对食品安全的保障是国家履行其社会管理职能的一个重要内容。保护程度不仅关系到经济的发展,而且影响人民的正常生活水平和社会的正常秩序。

（二）食品安全与社会和谐

从世界各国的教训来看,食品安全问题在严重危害人类身体健康的同时,也给公众造成了很大的心理恐惧与心理障碍,甚至于还会影响到消费者对政府的信任,如比利时的二噁英污染事件导致执政长达40年之久的社会党政府内阁垮台。食品安全问题影响到人们对经济和社会安全的预期,从而降低社会福利,对构建和谐社会产生极大负面性的影响。食品安全是一个关系人民生命和健康的重大问题,而食品的安全与否严重影响公众的日常生活。如果无法保证买到的食品是可靠的,那么购买过程就充满了疑虑,食用过程也会担心。居民不得不将更多的时间和精力花费在对于食品安全性的鉴别上,这是社会资源的极大浪费,从而影响政府在公众心中的权威性与公信力。

（三）食品安全与经济安全

国家经济安全主要是指国民经济整体运行的安全。经济安全是一切经济活动顺利进行的保障和前提,经济法中的安全价值包括经济发展中的环境安全、宏观经济中的金融安全、价格安全、个人经济生活中的生存安全等。[①]

食品安全直接关系国家的经济安全。食源性疾病的暴发,既损害了人民的身体健康,又给社会带来了沉重的经济负担,会给国家经济安全乃至世界经济安全造成威胁。食品安全是食品行业发展的基本保障。在食品安全越来越受到关注的情况下,如果食品安全得不到有效保障,将会对我国食品行业乃至整个国民经济产生不利影响。同时,作为发展中国家,我国食品安全的标准和质量要求很低,远远低于国际标准,也就意味着食品安全保护水平低,很有可能成为不安全食品或垃圾食品的倾销市场,从而对经济造成危害。

食品安全问题中存在的大量假冒伪劣现象,严重扰乱了经济秩序,直接影响到经营厂商的经济利益。不法厂商以低成本生产质量低劣或者假冒的产品,与正规厂商生产的合乎标准的产品一起在市场上流通,这严重影响了正规厂商的经济利益。同时,造成了信誉机制的丧失,对社会主义市场经济培育和发展造成严重后果。

（四）食品安全与"三农"问题

初级农产品在我们的日常饮食中占据了绝大部分比例,因IC食品安全与"三

① 单飞跃:《经济法理念与范畴的解析》,中国检察出版社2002年版,第101页。

农”问题息息相关。食品安全问题解决得好坏直接关系到农业的发展、农村的稳定和农民的增收与否。

一是加强食品安全法律规制必然涉及广大农民的切身利益。食品安全管理路径从餐桌到农场的变化,大量是在农业领域进行的,必然要涉及农业改革和农业技术的改造,涉及农民的切身利益。二是农产品国际贸易受阻影响到广大农民的创收。一旦出现食品安全问题,农产品国际贸易将受到严重影响,农业也会受到沉重的打击。尤其值得注意的是,贸易保护主义会以食品安全隐患为由,建立各种技术性贸易壁垒。目前,技术性贸易壁垒已经成为制约我国农产品和食品出口的主要因素。我国有近90%的食品土畜产品出口企业受到技术贸易壁垒的限制。农药残留和农药残留超标是我国食品出口受限的主要原因。受残留超标的影响,我国出口的保鲜蔬菜、禽肉产品、畜产品都大幅度下降,蜂蜜、水产品、茶叶等我国具有传统优势的产品的出口也大受影响,这些直接影响了农民的创收和农业的可持续发展。

(五)食品安全与人权保障

人权是指那些直接关系到人维持生存、从事社会生活所不可缺少的最基本的权利,如生命安全、人身自由、人格尊严、基本的社会保障等权利。虽然就整个世界而言,由于社会制度价值观念文化传统的差异,人权的内容有所不同。但是总的来说,人的生存权和发展权是人权的基本内容。食品是人类赖以生存的不可或缺的物质资料。离开了食品,不仅不能进行正常的生产活动,甚至最基本的生存权都有难以保障。因此,任何人都应当享有安全食品的权利。食品安全的权利本质上就是人权。1948年《世界人权宣言》第25款规定:“每个人都有享受适当水平的健康和福利生活的权利,包括食物、衣服、住房、医疗和必要的社会服务。”世界卫生组织和世界粮农组织于1992年发表了《世界营养宣言》,明确指出:“获得充分营养和安全的食品是每个人的权利。”人类不论肤色、种族、宗教、语言、性别,都有享受安全食品的权利,这是基本的人权。

三、食品安全法律规制的法律价值

法的价值是指法律作为客体对于主体的人的意义,即法律对于人的需要的满足,是人关于法律的超越的绝对指向。[1] 法的价值包括秩序、效益、自由、平等、正义和人权等方面。任何制度的设立都有其基本的价值取向。价值取向是指为满足某方面的特殊需要而在所有的价值中进行的取舍。

---

① 卓泽渊:《法律价值》,重庆大学出版社1994年版,第45页。

(一)秩序价值

秩序是指人和事物存在和运转中具有一定一致性、连续性和确定性的结构、过程和模式等。在法的价值体系中,秩序价值是法律的基础价值,是实现其他价值的前提。总的来说,食品市场是有序的,首先表现在市场经济的运行和发展是有规律的,价格的涨落中有供求规律在起作用。其次表现在市场的运作是有规则的,包括当事人的自律等。但是,规则也是会被破坏的,维护市场的规则也要靠他律,这种他律就是法律的规制,食品安全规制也不例外。食品安全规制通过对食品质量的管理与保证,提供给人们安全、卫生和适宜消费的食品,满足人们最基本的生活需要。通过对违反规定的企业和个人的法律制裁,维护正常的经营秩序,保护正规经营者的合法权益,促进经济健康持续的发展。通过多边谈判和磋商,形成国际贸易中的食品安全规制,促进贸易全球化和经济一体化,建立全球贸易新秩序。这些都是食品安全法律所体现出来的秩序价值。

(二)效益价值

效益是指有效投入与产出的差额。效益越大,越能满足人们的需要。市场经济条件下,效益是人们一切经济活动所追求的目标。西方法律经济分析学派认为,法律作为一种社会工具,其基本作用就是促进社会有效率运行,法律的产生、变迁都是人们追求效率的结果,因此,评价法律的优劣应以是否能提高效率为标准,法律的设计应以效率为目标。正如波斯纳所认为,行为和制度是否正义或者善的标准就在于能否使财富最大化。食品安全法律通过合理的制度设计,从实体法到程序法两方面都着力实现效率目标,如为了克服市场失灵,可在以下几个方面采取干预措施。

首先,要在追求效益与保护消费者权益之间做出平衡,确定适当的食品安全保护水平至关重要。保护水平过高,必然增加企业的成本,损害企业的利益,带来食品价格的偏高,剥夺了收入低人群消费某些食品的权利,同时剥夺了一些人从事食品生产的权利;保护水平过低,食品安全没有保障,则会影响正规厂商提供安全优质产品的积极性,造成恶性循环,既影响了正规厂商的利益,又侵害消费者享受安全适合的食品的权益。如何通过设计出激励企业生产安全食品的制度,既达到提供安全食品的目的,同时又刺激消费者的购买欲望,需要在效益与消费者保护之间做出一种选择。

其次,外部性也是导致市场低效率的原因之一,因为在存在负的外部性情况下,制造负外部效应的人由于不会为强加给他人的成本付出代价,因此他几乎不对自己的行为进行自我约束,由此造成个人成本大大低于社会成本,而社会将会为消除负外部效应付出代价。同时,由于正的外部效应制造者得不到从正外部效应的全部收益,会尽可能少地从事这些活动。可见,在存在外部效应的情况下,市场进行的资源配置不一定总是有效率的,这就需要由经济法律进行干预。

再次,公共物品短缺也会造成低效率。因此,政府有必要采取法律手段予以纠正。具体方法是,政府可以直接或间接通过经济杠杆着手对公共产品的私人供应者进行补贴,或者自行着手供应公共物品。

最后,从防治政府失灵的角度出发,效益价值也要求政府规制这个公共物品的"有效"供给,即食品安全规制应起到促进社会整体效益提高的目的,而不是增加社会负担,阻碍经济的发展。因此,在规制的过程中,应重视政府干预的成本与收益分析。规制政治经济学指出,政府规制作为一种经济行为,它能够带来多方面的收益,但是规制本身也是有成本的,也会产生效率损失。对政府干预进行成本收益分析的意义在于:通过对比政府管制收益与成本,以决定对特定领域是否值得采取某项政府管制。如果政府管制的收益大于政府管制成本,则这种政府管制是必要的,否则,就没有必要采取这种政府管制。

（三）公平价值

经济法的公平价值体现在以下几个方面:一是起点公平。指资源配置公平。从抽象的角度讲,所有从事经济活动的人都有平等利用资源的机会。但这不是绝对的,在资源稀缺的情况下,应把资源交给最有条件使用它们的人,如制定的符合有关市场准入的规定,这主要是考虑到资源的稀缺和合理利用。二是交易公平。市场经济的运作是以市场交易为纽带的,由于交易双方市场力量不对等,交易双方拥有的信息不对称,往往造成强势者对弱势者的剥夺,或信息优势者对劣势者的欺诈和损害,造成不公平现象。因此,需要经济法进行规制,以实现交易公平。三是结果公平。从人们最终取得的收入或财富量的角度来讲,这种公平虽不否认人们的收入或财富的差距,但认为不应过于悬殊。前二者是形式上的公平,主要是规则公平,后者则是实质,或矫正公平。社会发展的基本价值取向是效率优先,兼顾公平。然而,在一些具体的制度设计上应当有所侧重,甚至公平优先。

食品安全法律在实现公平价值时,必须高举实质公平和保护弱者的大旗,既要实现形式公平又要实现实质公平。以农产品质量问题来讲,农产品出现的大量质量问题确实影响了消费者的健康和国际贸易的正常进行,亟须法律调整。但是农业作为弱质产业理应受到国家的保护,选择何种的法律调整方式,调整程度如何需要在既保护农民利益又保护消费者权益之间做出一种平衡,既促进了农产品质量的提高,又考虑到农民的特殊地位,从而实现真正的公平。

第二节 食品安全法律制度

一、历史演变

在古代,各国政府采取了一系列的措施来确保农产品或食品的质量,成为食品安全法律的雏形。在中国,西周的《周礼》,就有"五谷不时,果实未熟,不粥于市"的规定。《仓律》规定,仓库如漏雨或因其他原因管理不善,致使粮食腐烂,该主管官员要受惩罚,仓库的有关人员共同赔偿所损失的粮食。在国外,为防止食品中掺假、保护消费者在食品购买中不受欺骗,古代的一些国家也规定了食品安全的法律。古代希腊有对啤酒和葡萄酒的纯度和质量进行检查的规定;罗马公民法中很大部分是为了保证合理价格下的食品充分供给,并建立了国家食品控制系统以保护消费者不受欺骗和不受劣质产品的危害。古代食品交易的范围很小,仅局限在家庭关系和紧密联系的社区内,这时的食品安全法律是以一般的道德责任为基础,而法律系统的不同在于各自文化中道德观念的差异。

商业化初期,食品交易局限在当地的区域内,对食品安全的保证更多的是通过声誉、非正规的管制和自我裁决实现的。那些在食品中掺假的人会受到公众的谴责和羞辱,比如游街、在广场上被公众辱骂等。随着商业的发展,出现了商业法,其基本原则是良好的信用,食品中的掺假和销售中的欺诈违反了这一原则,将受到贸易协会的处罚。英国的贸易协会承担没收不利于健康的食品的责任。在商业协会的要求下,各国政府开始颁布了特定产品的管理法令。1202 年英国颁布了第一部英国的食品安全法——《面包法令》,禁止在面包中掺杂豆粉;1266 年颁布了禁止销售变质的葡萄酒和肉的法令,规定了提供腐烂食物者须负刑事责任。随着商业的扩大,食品链的延长,消费者与生产者的直接联系减少了。为了保证消费者的权益,英国的普通法中产生了产品责任的概念,即食品制造者必须对食品的掺假承担责任,但这时的责任是以交易合约为基础,只对直接的购买者负责。

19 世纪 50 年代,显微镜被引入食品分析,提供了发现食品中的掺杂物和病菌的手段,标志着对食品管制进入现代时期。1851 年法国通过了第一部全国性的《通用食品法》,禁止食品中掺假。对违反的行为提供了处罚指导,并确立了行政机构的执法责任。1860 年英国国会也颁布了其第一部《通用食品法》,1879 年德国也制定了《食品法》,1906 年美国的食品与药品法案通过。在这一时期食品安全责任的承担有一个演变和发展的过程,逐渐从疏忽责任发展成为严格的产品社会责任,严重违反食品法的行为被认为是一种犯罪,而产品责任也不再仅仅局限于合约的当事人。20 世纪 90 年代初,美国法院认为那些没有与制造者直接联系的远程购买者也有权要求制造者为不安全的食品承担责任，零售商也应为销售不健康的食品承担连带责任。

伴随着农业生物灾害和农产品国际贸易的展开与扩大，各国开始建立保护农业生物安全的动植物检疫制度，并开始建立一系列与食品安全相关的国际公约。1914 年签署了《国际植物病理公约》；1924 年成立了国际兽医局；1943 年成立了联合国粮农组织；1951 年签署了《国际植物保护公约》；1962 年成立了卫生法典委员会，制定了《食品法典》；1968 年开始出版《国际动物卫生法典》；1991 年乌拉圭回合贸易谈判最终达成《实施卫生和植物卫生措施协定》（SPS），并成为 1995 年成立的世界贸易组织（WTO）的贸易规则，充分肯定了动植物检疫保护生物安全的作用。2000 年《生物多样性公约》的缔约国通过了《卡塔赫纳生物安全议定书》，共同防范转基因生物对生物安全的威胁。随着食品生产自然方式的减少，工业化比重的增加，食品被人们故意或非故意污染的机会正逐渐增加。食品安全法律也随着新的食品安全危机的出现和新的食品隐患因素的发现而被不断地补充和发展。

二、国外食品安全法律制度

（一）欧盟

欧盟现有关于农产品（食品）质量安全方面的法律 20 多个，具体包括：《通用食品法》《食品卫生法》、动物饲料法规，以及添加剂、调料、包装和放射线食物的保存方法规范。欧盟还制定了一系列食品安全规范要求，通常以指令或决议的形式在欧盟官方公报上发布。欧盟的标准体系分为两层：上层为欧盟指令，下层为包含具体技术内容的可自愿选择的技术标准。目前，欧盟拥有技术标准 10 多万个，其中 1/4 涉及农产品，制定农药残留限量标准 17 000 多项。

2000 年 1 月，欧盟委员会发表了食品安全白皮书。白皮书是欧盟和各成员国制定食品安全管理措施以及建立欧洲食品安全管理机构的核心指令，奠定了欧盟食品安全体系实现高度统一标准的基础。欧盟食品安全白皮书提出了一系列完善欧盟“从农田到餐桌”食品安全保证措施的改革计划，内容包括食品安全原则、食品安全政策体系、欧盟食品安全专项管理机构、食品法规框架、食品管理体制、消费者与食品安全的国际合作等，并从 22 个方面（包括首选措施、饲料、寄生物病、动物健康、动物福利、疯牛病、卫生、残留物、食品添加剂和调味料、与食品有关的材料、新型食品、转基因食品、辐射性食品、食疗食品、食品补充物、强化食品、食品标签、营养、种子、支持措施、第三方国家政策、国际关系）提出了 84 条保证食品安全的基础措施。按照白皮书的决议，2002 年 1 月 28 日，欧盟理事会和欧洲议会建立了欧洲食品安全管理局。

（二）美国

美国食品安全法律从1906年的《纯净食品和药品法》和1907年的《肉类检验法》开始，迄今为止的90多年的时间里制定和修订而成了30多部法律。这些法律从一开始就集中于食品供应的不同领域，而且所秉承的食品安全原则也不同。主要的有《联邦食品、药品和化妆品法》《公共卫生服务法》《联邦肉类检验法》《禽类产品检验法》《蛋类产品检验法》《联邦杀虫剂、杀真菌剂和灭鼠剂法》《食品质量保障法》等。

美国的宪法规定国家的食品安全系统由政府的立法、执法和司法三个部门负责。国会和各州议会颁布立法部门制定的法规；执法部门包括美国农业部、美国食品及药物管理局、美国环保署、各州农业部利用联邦备忘录发布法律法规并负责执行和修订；司法部门对强制执法行动、监管工作或一些政策法规产生的争端给出公正的裁决。

美国的食品安全法规被公认为是较完备的法规体系，法规的制定是以危险性分析和科学性为基础，并拥有预防性的措施。目前，美国有关食品安全法令是以《联邦食品、药物、化妆品法》为核心，它为食品安全的管理提供了基本原则和框架。按照此法律，食品工业的责任是生产安全和卫生的食品，政府是通过市场监督而不是强制性的售前检验来管理食品行业，并赋予了各个食品管理部门相应的管理权限。

对于食品安全的责任问题，美国将其归入产品责任法的调整范围内，食品和其他工业产品一律适用产品责任法的规定，而不另行制定农产品质量基本法。1979年美国《统一产品责任示范法》第102条将产品定义为："指具有真正价值的、为进入市场而生产的、能够作为组装整件或者作为部件、零售交付的物品；但人体组织、器官、血液组成成分除外"，显然该法的调整范围包括食品。

除了以上食品安全管理法令，还有一系列程序性法规以规范立法程序和实施国家样本检验及监测计划等举措进行食品安全规制。程序性的法规包括《行政程序法》《联邦顾问委员会法案》，以及《自由信息法案》。此外，《美国联邦管理法典》的第21章食品与药品部分包括了各种具体的食品管理规则。根据《联邦食品、药物、化妆品法》，美国食品及药物管理局（FDA）还制定并发布FDA食品法典和食品生产的卫生标准。前者适用于食品零售业包括餐馆和杂货店，指导零售食品企业在其操作上提高食品的安全性；后者包括现行制造、包装和保存食品行业的"良好生产规范"。

（三）加拿大

加拿大的食品安全法律体系主要由13部联邦法律构成，包括：《农业与食品行政货币处罚法》《加拿大农产品法》《加拿大食品检查机构法》《饲料法》《肥料法》《种子法》《食品药物法》《植物保护法》《动物健康法》《肉类检查法》《鱼类检查法》《植物种植者权利法》《消费者包装标签法》。

加拿大的农产品(食品)安全的管理是加拿大食品检查机构(CFIA),该机构是根据《加拿大食品检验局法》将原先分别隶属于农业部、渔业海洋部、卫生部和工业部等四部门中的检验业务剥离出来,于1997年成立的。

(四)日本

日本以《农林物质标准化及质量标识管理法》为基础,建立起包括食品卫生、农产品质量(品质)、投入品(农药、兽药、饲料添加剂等)、动物防疫、植物保护等5个方面的较为完善的农产品质量法律法规体系。目前日本的食品安全法律体系主要有:《食品安全基本法》《农林产品品质规格和正确标识法》《植物防疫法》《家畜传染病须防法》《农药取缔法》《农药管理法》等。

日本食品安全行政机构从级别上可分为中央和地方两级行政机关,中央一级为食品安全委员会、厚生劳动省、农林水产省;地方一级为地方公共团体(即都道府县)中的食品安全行政机构。同时从职能上也可以将其分为风险评估机关(食品安全委员会)和风险管理机关(厚生劳动省和农林水产省)两类。

三、我国的食品安全法律制度

新中国成立初期,卫生部和相关部门为了便于对食品安全卫生进行监督和管理,针对食品中毒问题制定了一些单项的规章和标准。如1953年颁布了新中国成立后第一部关于食品卫生的相关法规《清凉饮食物管理暂行办法》,1960年颁布了《食用合成染料管理办法》。1964年国务院对《食品卫生管理试行条例》的转发,标志着我国食品卫生管理工作进入全面管理的新阶段。

20世纪70年代初,多个部委成立了以卫生部牵头的“全国食品卫生领导小组”,对食品添加剂、调味品等50多种食品的卫生的标准、食品包装材料和容器的标准,以及微生物检验方法等相关标准进行了制定和修订。国务院于1979年正式颁布了《食品卫生管理条例》,对食品卫生标准及要求、食品包装、进出口食品卫生的管理等方面做出了较为详细的规定。1982年,我国第一部涉及食品卫生领域的完整系统法律《食品卫生法(试行)》被审议通过。随着人民群众生活水平的不断提高,对食品卫生有了更高的要求。基于此,我们在对《食品卫生法(试行)》实施十多年的实践经验进行总结的基础上,1995年全国人大审议通过了《食品卫生法》。

随着市场经济的高速发展,我国食品安全工作出现了新情况、新问题。2009年第十一届全国人民代表大会常务委员会第七次会议通过《中华人民共和国食品安全法》,同时完成了对《食品卫生法》的修改和完善。《食品安全法》酝酿三年、历经四审,与《食品卫生法》相比,在许多方面都有创新:立法理念实现了从食品“卫生”到食品“安全”的转变;建立食品安全风险评估和监测制度;统一食品安全标准，规范信息披露；强化生产经营者为食品安全第一责任人，规范食品生产、运输、销售等各个环节；建立消费者权益救济渠道，提高了赔偿标准；建立了风险预警预报制度；强化了监管部门的责任。该法的颁布实施，对于保证食品安全，保障公众身体健康和生命安全，具有重要意义。

目前，我国基本上形成了以法律为基础，以涉及食品安全要求的大量技术标准等法规为主体，以各省及地方政府关于食品安全的规章为补充的食品安全法律法规体系。

除《中华人民共和国食品安全法》以外，涉及食品安全的法律还有《中华人民共和国产品质量法》《中华人民共和国标准化法》《中华人民共和国计量法》《中华人民共和国消费者权益保护法》《中华人民共和国农产品质量安全法》《中华人民共和国刑法》《中华人民共和国进出口商品检验法》《中华人民共和国进出境动植物检疫法》《中华人民共和国国境卫生检疫法》《中华人民共和国动物防疫法》等。

行政法规包括《中华人民共和国食品安全法实施条例》《中华人民共和国工业产品生产许可证管理条例》《中华人民共和国认证认可条例》《中华人民共和国进出口商品检验法实施条例》《中华人民共和国进出境动植物检疫法实施条例》《中华人民共和国兽药管理条例》《中华人民共和国农药管理条例》《中华人民共和国出口货物原产地规则》《中华人民共和国标准化法实施条例》《饲料和饲料添加剂管理条例》《农业转基因生物安全管理条例》《中华人民共和国濒危野生动植物进出口管理条例》等。

部门规章包括《食品生产加工企业质量安全监督管理实施细则（试行）》《中华人民共和国工业产品生产许可证管理条例实施办法》《食品卫生许可证管理办法》《食品添加剂卫生管理办法》《进出境肉类产品检验检疫管理办法》《进出境水产品检验检疫管理办法》《流通领域食品安全管理办法》《农产品产地安全管理办法》《农产品包装和标识管理办法》《出口食品生产企业卫生注册登记管理规定》等。

我国的标准体系包括国家标准、行业标准、地方标准和企业标准。这些标准可进一步分为强制标准和推荐标准。截至 2013 年底，我国食品国家标准有 4 900 多项，行业标准 4 000 多项。我国的食品标准化工作由质检总局下属的国家标准化管理委员会统一管理，食品安全（卫生）国家标准由各相关部门负责草拟，由国家标准化管理委员会统一计划、统一审核、统一编号、统一发布。行业标准由国务院有关行政主管部门分工管理制定。各级地方政府负责管理本行政区域内的标准化工作。

第三节 食品安全监管体制

一、国外食品安全监管体制

(一)欧盟

为了确保食品的"安全"和消费者的"知情",2002年欧盟委员会成立了一个名为欧盟食品安全管理局(FSA)的组织,统一管理欧盟所有与食品安全有关的事务,负责与消费者就食品安全问题直接对话,建立成员国食品卫生和科研机构的合作网络,向欧盟委员会提出决策性意见等。这一机构下属若干专家委员会,由管理委员会、八个专门科学小组和科学委员会等部门组成,直接就食品安全问题对欧盟委员会提出决策性咨询意见。欧盟食品安全管理局不具备制定规章制度的权限,只负责监督整个食品生产、销售链条,根据科学家的研究成果做出风险评估,为制定法规、标准以及其他的管理政策提供信息依据。

在FSA督导下,一些欧盟成员国也对原有的监管体制进行了调整,将食品安全监管职能集中到一个部门。德国于2001年将原食品、农业和林业部改组为消费者保护、食品和农业部,接管了卫生部的消费者保护和经济技术部的消费者政策制定职能,对全国的食品安全统一监管,并于2002年设立了联邦风险评估研究所和联邦消费者保护和食品安全局两个机构。丹麦通过改革,将原来担负食品安全管理职能的农业部、渔业部、食品部合并为食品和农业渔业部,形成了全国范围内食品安全的统一管理机构。法国设立了食品安全评价中心,荷兰成立了国家食品局。

(二)美国

美国负责食品安全管理的主要机构有4个:①卫生和人类服务部(DHHS)下属的食品和药品管理局(FDA),负责除肉类和家禽产品外美国国内和进口的食品安全,以及制定畜产品中兽药残留最高限量法规和标准;②美国农业部(USDA)下属的食品安全检验署(FSIS),负责肉类和家禽食品安全,并被授权监督执行联邦食用动物产品安全法规;③美国国家环保署(EPA),负责饮用水、新的杀虫剂及毒物、垃圾等方面的安全,制定农药、环境化学物的残留限量和有关法规;④商业部(USDC)下属的国家海洋渔业署(NMFS),负责通过非官方的水产品检查和等级制度来保证水产品的质量。这些机构分别对不同种类、处于不同生产阶段的食品安全发挥着非常重要的作用。另外,农业市场署(AMS)、动植物卫生检验署(APHIS)、卫生和人类服务部(DHHS)下属的疾病防治中心(CDC)等也在美国食品安全管理中扮演着重要的角色。这些食品检验机构中有大批专业化的专家,如化学家、毒物学家、药理学家、食品工艺学家、微生物学家、分子生物学家、营养学家、病理学家、数学家等。他们的工作包括检查食品公司、收集并分析样品、监控进口产品安全、检查售前行为、进行食品安全相关数据收集与处理、从事消费者研究和进行消费者教育等。

美国食品安全管理体系能有效地运作,为美国公众提供安全的食品,其主要原因就是美国的食品安全管理体系拥有一套非常先进的管理理念,科学、风险管理和全程管理是美国食品安全管理理念的核心内容。

1998 年美国政府成立了总统食品安全管理委员会,负责建立国家食品安全计划和战略,指导政府部门优先投资重要食品安全领域和食品安全研究所的工作,并协调全国食品安全检查措施。该委员会的成员由农业部、商业部、卫生部、管理与预算办公室、环境保护局、科学与技术政策办公室等有关职能部门的负责人组成。委员会主席由农业部部长、卫生部部长、科学与技术政策办公室主任共同担任,形成监督食品安全的“三驾马车”。在总统食品安全管理委员会的统一协调下,实现对食品安全工作的一体化管理。

(三)日本

频发的食品安全事件,使日本国民对食品安全行政机关逐渐丧失了信心。为了迅速扭转这种被动的局面,同时也是为了营造一个更为安全和可靠的食品环境,日本政府于 2003 年成立了全新的、独立的食品风险评估机关食品安全委员会。该机构从行政隶属上看,其直接隶属于内阁总理大臣,从功能上讲,其被赋予了独立承担评估食品安全性的职能。食品安全委员会虽然承担着风险评估的重要职能,但是其在组织构成上却非常简单,组成人员也较少。整个食品委员会是由委员长和委员共同组成,并下设专门的调查会和事务局。专门调查会由规划专门调查会、风险交流专门调查会和紧急时应对专门调查会组成。同时,根据不同的危险系数而设置了 13 个具体的专门调查会和一系列的风险评估组。根据《食品安全基本法》的规定,食品安全委员会的具体管理事务包括:向内阁总理大臣陈述意见;主动进行食品影响健康的评价;根据食品影响健康的评价结果劝告相关各大臣所应采取的食品安全政策;调查审议食品安全规制政策中的重要事项,在认为有必要时,可向相关各行政机关的长官陈述意见;进行必要的科学调查研究;策划、实施与相关联系人之间的信息和意见的交换;根据相关人员之间的信息和意见的交换结果进行事务调整等。其中最基础的职能有三项:风险评估(食品影响健康评价)职能、风险交流职能、紧急应对职能。

日本厚生劳动省是直属于中央的行政部门,是负责医疗卫生和社会保障的核心部门,同时也是执行食品安全规制管理的重要组织之一。在具体实践中,其主要是承担食品的风险管理和保障食品卫生安全的职责。厚生劳动省的主要职能有:①监督指导职能。厚生劳动大臣应当就国家和都道府县等实施的食品卫生监督、指导措施制定总体方针,对进口食品进行监督指导。②食品标识职能。2002 年 12

月，厚生劳动省和农林水产省联合召开了食品标识共同会议，推进食品标识制度的通俗化和简易化。③推进研究开发职能。为了确保食品安全，推进对食品危害成分的研究，厚生劳动省于 2002 年成立新的“国立”医药品食品卫生研究所。④风险交流职能。厚生劳动大臣在制定食品规格标准时，必须向公众公布必要的标准事项以及与食品卫生有关的政策的实施情况，并就该政策广泛听取国民的反馈意见。⑤紧急事态应急职能。一旦发生或可能发生食品安全事故时，厚生劳动大臣立即整合本省所有相关资源，召开紧急会议，整理危机损害信息，对相关科室的范围、状况、应对支援体制等做出全局化、整体化的配置。

日本农林水产省简称农水省，是直接隶属于中央的行政部门。其与厚生劳动省一样，也是日本食品安全行政中的风险管理机关，但其主要是承担保障农产品、水产品卫生安全的职能。日本进行的食品安全规制改革，确立了从农场到餐桌的全过程化保障体制，也就是确保食品在生产、制造、运输、销售、消费等各个环节的安全。而农林水产省在这个过程化保障体制中的职能主要表现为从生产阶段到运输过程中的风险管理，以及与其他各相关省厅的信息交流和应急保障。

二、我国的食品安全监管体制

改革开放至今，我国的食品安全规制体制经历了四次大的调整。

1983—1995 年，我国食品安全规制体制以卫生防疫站为法定执法主体，全面履行食品卫生监督职责。

1995—2004 年，我国食品安全规制体制由卫生行政部门全面监督向多部门联合执法转变。根据 1995 年 10 月 30 日第八届全国人民代表大会常务委员会第十六次会议审议通过的《中华人民共和国食品卫生法》，各级卫生行政部门是食品卫生监督的执法主体，全面履行食品卫生监督职责。为了解决食品卫生监督执法主体与队伍分离的问题，1996 年，卫生部决定，在地方各级卫生防疫站建制的基础上，加挂卫生监督所的牌子，将卫生监督工作与卫生防病工作相对分离。2000 年，经国务院批准，全国全面启动了卫生监督体制改革，成立独立的卫生监督机构，作为卫生行政部门的执法机构，专司卫生监督职责。其中，食品卫生监督是卫生监督职责的重中之重。2001 年 4 月，中央决定将国家质量技术监督局与国家出入境检验检疫局合并，组建国家质量监督检验检疫总局，负责组织实施进出口食品和化妆品的安全、卫生、质量监督检验和监督管理，管理进出口食品和化妆品生产、加工单位的卫生注册登记。2003 年 3 月 10 日，十届全国人大一次会议审议通过了国务院机构改革方案，在原国家药品监督管理局的基础上组建国家食品药品监督管理局，该局作为国务院直属机构，继续行使原国家药品监督管理局职能，并负责对食品、保健品、化妆品的安全管理工作进行综合监督和组织协调，依法组织开展对重大事故的查处。此前国家有关食品安全规制的部门主要有卫生部法治与监督司、疾病控制司、农业部畜牧兽医局、科技部农村与社会发展司、国家环保总局科技标准司、国家质检总局进出口食品安全局等部门。新组建的国家食品药品监督管理局下设的食品安全协调司、食品安全监察司主要负责食品安全规制工作。组建国家食品药品监督管理局,是为了对食品和药品行业进行有效监督,理顺各种不合理的"交叉"职能。但是,成立食品药品监督管理局只是改革的起步,食品安全规制颇为复杂,食品药品监督管理局很难一下子将过去一直由农业部、质检总局、工商总局、卫生部等多个部门的管理工作一揽子统一起来。

2004—2007年,我国确立了分段监管的食品安全规制体制。2004年,国务院发布了《国务院关于进一步加强食品安全监管工作的决定》(以下简称《决定》),按照一个监管环节由一个部门负责的分工原则,采取分段监管为主、品种监管为辅的方式,进一步理顺了有关食品安全监管部门的职能,明确了责任。该决定将食品安全监管分为四个环节,分别由农业、质检、工商、卫生等四个部门实施。根据《决定》,从2005年1月1日起,农业部门负责初级农产品生产环节的监管;质检部门负责食品生产加工环节的监管,将曾属卫生部门承担的食品生产加工环节的卫生监管职责划归质检部门;工商部门负责食品流通环节的监管;卫生部门负责餐饮业和食堂等消费环节的监管;食品药品监管部门负责对食品安全的综合监督、组织协调和依法组织查处重大事故。此外,市场食品质量监督检查信息将由质检、工商、卫生和食品药品规制各部门联合发布。为了加强产品质量和食品安全工作,2007年8月,我国成立国务院产品质量和食品安全领导小组,吴仪副总理任组长,国家质检总局局长李长江任副组长,办公室设在质检总局。领导小组的主要职责是:统筹协调产品质量和食品安全重大问题、统一部署有关重大行动、督促检查产品质量和食品安全有关政策的贯彻落实和工作进展情况。

2008年"三鹿事件"发生以后,我国再一次对食品安全规制体制进行了调整。国务院卫生行政部门承担食品安全综合协调职责,负责食品安全风险评估、食品安全标准制定、食品安全信息公布、食品检验机构的资质认定条件和检验规范的制定,组织查处食品安全重大事故。国务院质量监督、工商行政管理和国家食品安全药品监督管理部门依照本法和国务院规定的职责,分别对食品生产、食品流通、餐饮服务活动实施监督管理。县级以上地方人民政府统一负责、领导、组织、协调本行政区域的食品安全监督管理工作,建立健全食品安全全程监督管理的工作机制;统一领导、指挥食品安全突发事件应对工作;完善、落实食品安全监督管理责任制,对食品安全监督管理部门进行评议、考核。县级以上地方人民政府依照本法和国务院的规定确定本级卫生行政、农业行政、质量监督、工商行政管理、食品药品监督管理部门的食品安全监督管理职责。有关部门在各自职责范围内负责本行政区域的食品安全监督管理工作。上级人民政府所属部门在下级行政区域设置的机构应当在所在地人民政府的统一组织、协调下,依法做好食品安全监督管理工作。县级以上卫生行政、农业行政、质量监督、工商行政管理、食品药品监督管理部门应当加强沟通、密切配合，按照各自职责分工，依法行使职权，承担责任。①

从新的方案来看，原属国家食品药品监督管理局综合协调食品安全、组织查处食品安全重大事故的职责被划入卫生部，卫生部又新增加了组织制定食品安全标准以及加强食品安全综合监督的职责。但是不难看出，这次的调整没有从根本上改变我国"多头管理，分段负责"的食品安全规制体制，我国各部门食品安全监管职责范围见表3-1。

表3-1 我国各部门食品安全监管职责范围

组成部门	法律法规	职责范围
食品安全委员会	《食品安全法》	由国务院规定
卫健委	《食品安全法》 《食品安全法实施条例》	·食品安全综合协调职责 ·负责食品安全风险评估 ·食品安全标准制定 ·食品安全信息公布 ·食品检验机构的资质认定条件和检验规范的制定 ·组织查处食品安全重大事故
国家质量监督检验检疫总局	《食品安全法》 《产品质量法》 《进出口动植物检疫法》 《进出口动植物检疫法实施条例》	·负责食品生产许可证的颁发 ·负责对食品生产活动进行监督管理 ·负责对食品添加剂的生产实施许可和监督 ·负责对食品相关产品进行监管 ·对于食品进出口进行监管 ·对食品检验机构进行资质认证 ·配合卫生行政部门对食品安全事故进行处置 ·负责对违法行为进行处罚
国家工商行政管理总局	《食品安全法》 《合同法》 《消费者权益保护法》 《流通环节食品监督管理办法》	·负责颁发食品流通许可证 ·保护消费者权益 ·负责对食品流通进行日常监管 ·配合卫生行政部门对食品安全事故进行处置 ·负责对违法行为进行处罚

① 《中华人民共和国食品安全法》第4~6条。

续表 3-1

组成部门	法律法规	职责范围
国家食品药品监督管理总局	《食品安全法》 《药品管理办法》	·负责颁发餐饮服务许可证 ·负责对餐饮服务活动进行日常监管 ·消费环节的保健品品进行监督管理 ·配合卫生行政部门对食品安全事故进行处置 ·负责对违法行为进行处罚
农业部	《食品安全法》 《农产品质量安全法》 《农药管理条例》	·组织实施农业各产业产品及绿色食品的质量监督、认证和农业植物新品种的保护工作 ·组织协调种子、农药、兽药等农业投入品质量的监测、鉴定和执法监督管理 ·组织、监督对国内动植物的防疫、检疫工作,发布疫情并组织扑灭

第四节　食品安全规制的利益相关方

食品安全规制并非单方面的政府的监管,需要社会各界的共同参与。在“小政府、大社会”的背景下,保障食品安全需要社会各界的共同参与和共同努力。

一、食品生产经营者

我国的《食品安全法》第 4 条规定,食品生产经营者应当依照法律、法规和食品安全标准从事生产经营活动,保证食品安全,诚信自律,对社会和公众负责,接受社会监督,承担社会责任。由此可见,食品生产经营者是食品安全的第一责任人,必须履行基本的义务。

食品生产经营者从事食品生产、流通、餐饮服务,应当依法取得食品的生产许可、流通许可、餐饮服务许可。同时,取得食品生产许可的食品生产者在其生产场所销售其生产的食品,不需要取得食品流通的许可;取得餐饮服务许可的餐饮服务提供者在其餐饮服务场所出售其制作加工的食品,不需要取得食品生产和流通的许可;农民个人销售其自产的食用农产品,不需要取得食品流通许可。食品生产加工小作坊和食品摊贩从事食品生产经营活动,应当符合本法规定的与其生产经营规模、条件相适应的食品安全要求,保证所生产经营的食品卫生、无毒、无害,有关部门应当对其加强监督管理,具体管理办法由省、自治区、直辖市人民代表大会常务委员会依照《食品安全法》的相关内容制定。①

此外,食品生产经营企业也应当建立相关制度保障食品安全。首先,食品生产经营企业应当建立健全本单位的食品安全管理制度,加强对职工食品安全知识的培训,配备专职或者兼职食品安全管理人员,做好对所生产经营食品的检验工作,依法从事食品生产经营活动。其次,食品生产经营者应当建立并执行从业人员健康管理制度。患有痢疾、伤寒、病毒性肝炎等消化道传染病的人员,以及患有活动性肺结核、化脓性或者渗出性皮肤病等有碍食品安全的疾病的人员,不得从事和接触直接入口食品的工作。最后,食品生产经营从业人员每年应当进行健康检查,取得健康证明后方可参加工作。②

农产品占据了我们日常生活中需要的大多数食品原料来源。因此,农产品的生产者应当依照食品安全标准和国家有关规定使用农药、肥料、生长调节剂、兽药、饲料和饲料添加剂等农业投入品。食用农产品的生产企业和农民专业合作经济组织应当建立食用农产品生产记录制度。

食品生产者建立食品进货查验制度和食品原料、食品添加剂、食品相关产品进货查验记录制度,如实记录食品原料、食品添加剂、食品相关产品的名称、规格、数量、供货者名称及联系方式、进货日期等内容。采购食品原料、食品添加剂、食品相关产品,应当查验供货者的许可证和产品合格证明文件,对无法提供合格证明文件的食品原料,应当依照食品安全标准进行检验。进货查验记录应当真实,保存期限不得少于2年。不得采购或者使用不符合食品安全标准的食品原料、食品添加剂、食品相关产品。

食品生产企业应当建立出厂检验记录制度,查验出厂食品的检验合格证和安全状况,并如实记录食品原料、食品添加剂、食品相关产品的名称、规格、数量、供货者名称及联系方式、进货日期等内容。食品原料、食品添加剂、食品相关产品进货查验记录应当真实,保存期限不得少于2年。食品、食品添加剂和食品相关产品的生产者,应当依照食品安全标准对所生产的食品、食品添加剂和食品相关产品进行检验,检验合格后方可出厂或者销售。

食品经营者应当按照保证食品安全的要求贮存食品,定期检查库存食品,及时清理变质或者超过保质期的食品。③

① 见《食品安全法》第35、36条。

② 见《食品安全法》第44、45条。

③ 见《食品安全法》第49~54条。

二、食品行业协会

目前,我国食品行业协会众多,几乎涵盖了食品行业和生产销售流程的方方面面,其中国家级的食品行业协会有中国食品工业协会、中国食品科学技术协会、中国绿色食品协会等。我国《食品安全法》第9条规定,食品行业协会应当加强行业自律,引导和督促食品生产经营者依法生产经营,推动行业诚信建设,宣传、普及食品安全知识。

由于行业协会是由同一行业内的各个竞争者所构成的,其内部成员对该行业的生产、经营等信息的掌握(特别是对该行业内部产生的一些潜规则)是非常清楚的,在这一点上,行业协会拥有政府监管部门和消费者都无可比拟的优势。另一方面,行业协会有着天然的自律功能,这种行业协会的自律功能不同于政府的监管,它的主要目的在于保障本行业的集体性利益或共通性利益。当某些个别企业在追求利益中使用了违背公平竞争的生产经营手段时,该企业的行为即对行业中其他经营者利益的损害,因而会给整个行业的普遍利益造成损害。行业协会应当对这类企业进行干预,通过制定行业规则进行自我约束、自我管理,引导整个行业规范、有序地发展。

三、社会团体和群众性自治组织

我国《食品安全法》第10条规定,各级人民政府鼓励社会组织、基层群众性自治组织开展食品安全法律、法规以及食品安全标准和知识的普及工作,倡导健康的饮食方式,增强消费者食品安全意识和自我保护能力。

具体而言,食品安全监督管理部门或者承担食品检验职责的机构、食品行业协会、消费者协会不得以广告或者其他形式向消费者推荐食品。社会团体或者其他组织、个人在虚假广告中向消费者推荐食品,使消费者的合法权益受到损害的,与食品生产经营者承担连带责任。

四、新闻媒体

随着社会发展和科技进步,社会分工越来越细,各种职业之间的差异也越来越大。食品安全规制既涉及政府监管和食品生产经营者,又关系到社会各阶层、各成员的基本福祉,责任重大,难度更大。为了更好地保障食品安全,离不开信息的公开,离不开生产过程的透明,更离不开专业知识的普及,这一切都依赖于新闻媒体的积极参与。

我国《食品安全法》第10条第2款规定,新闻媒体应当开展食品安全法律、法规以及食品安全标准和知识的公益宣传，并对食品安全违反违法行为进行舆论监督。

第五节 食品安全监管内容

作为食品安全监管的责任主体，政府的主要职责是制定有关食品的行政法规、标准以促进对整个食品链条的综合管理，确保拥有进行有效政府管理的基础设施，保证食品检验部门的工作人员均称职并能得到良好培训，确保建立官方实验室网络用以监测食物链并支持食品监督以及食源性疾病的监测。

有效的食品监管体系要求国家采用一级标准对政策和执行进行协调，包括确立领导职能和行政机构，对以下问题规定明确的责任。①制定和实施国家综合食品控制战略；②执行国家食品控制计划；③确保资金和资源配置；④制定标准和行政法规；⑤制定紧急情况应对程序；⑥进行风险分析。

实施《食品安全法》需要具有合格和训练有素的专业食品检验人员和高效、公正可靠的食品检验服务。食品检验人员肩负重要的职责，因其每天都要和食品工业、贸易商联系，通常还要和公众接触，除了需要具备专业的检验知识外，还需要一颗公正的心。因为食品检验的公信力和公正性在很大程度上取决于他们的专业性和中立地位。食品检验服务的职责包括：依照食品安全标准和法规的卫生规定，对经营场所和加工过程进行检验；评价危害分析关键控制点的计划及其实施情况；在食品收获、加工、贮藏、运输或销售过程中取样，以确定合法性，为风险评估收集数据和确定违法人员；通过感官评估、鉴别不同形式的食品腐败，确定食品是否适于食用标准，或者确定食品是否以虚假方式向消费者出售，并采取必要的补救行动；在发现违法情况下，确定、收集和公布证据并出庭作证以协助诉讼；鼓励自觉遵循食品安全法律，尤其是借助质量保障程序；根据要求，为进出口食品进行检验、取样和提供证书；按照规定，在诸如危害分析关键控制点的安全保障计划下开展工作，进行食品安全风险的核查工作。

对食品检验人员进行适当培训，是高效食品控制体系的首要前提。由于目前的食品安全体系极为复杂，因此必须对食品检验人员进行食品科学和技术培训，以便其了解产业化加工过程，能够辨认潜在的安全和质量问题，并使其具有检验经营场所、收集食品样品和开展全面评估的技能和经验。同时，检验人员必须熟知相关的食品法律法规，知悉法律授予他们的权利以及法律对食品从业者所规定的义务。

在农场至餐桌的整个过程中发布有关信息，向利益相关者提供培训和咨询意见。包括向消费者提供公正的、合乎事实的信息；向食品工业的重要官员和工人提供信息包和教育计划；向农业及卫生行业的推广工作者提供参考资料。食品管理部门应高度重视向食品检验员和实验室分析员提供特殊培训，以满足他们的需要。

这些培训活动为所有利益相关方提高食品控制专业知识和技能提供了重要途径，发挥了重要的预防性作用。

根据我国《食品安全法》的相关规定，现阶段我国的食品安全监管内容总结起来主要包括以下内容：食品安全日常监管制度，食品安全信用档案制度，食品安全咨询、投诉、举报处理制度和信息公布、报告和通报制度。

一、食品安全日常监管制度

《食品安全法》第109条规定，县级以上地方人民政府组织本级食品药品监督管理、质量监督、农业行政等部门制订本行政区域的食品安全年度监督管理计划，向社会公布并组织实施。

食品安全日常监督管理信息包括：食品安全监督管理工作计划、部署；依照食品安全法实施的行政许可；对食品生产经营者的监督检查结果和食品检验结果；实施重点监督管理的食品，食品添加剂的名录；责令停止生产经营的食品、食品添加剂、食品相关产品的名录；查处食品生产经营违法行为的情况；专项检查整治工作情况；其他食品安全日常监督管理信息。

在我国，履行食品安全日常监管的政府机构是县级以上质量监督、食品药品监督管理部门。上述职能部门在履行食品安全监管职责时，可以采取以下措施。

1.进入生产经营场所实施现场检查

相关部门进入生产经营场所实施现场检查主要是检查场所的卫生和菌落群数是否超标，因为生产场所的卫生程度直接影响最终入口食品的卫生和健康程度。

2.对生产经营的食品、食品添加剂、食品相关产品进行抽样检查

对生产经营的食品进行抽样检验，食品安全监督管理部门对食品不得实施免检。县级以上质量监督、食品药品监督管理部门应当对食品进行定期或者不定期的抽样检验。进行抽样检验，应当购买抽取的样品，不收取检验费和其他任何费用。县级以上质量监督、工商行政管理、食品药品监督管理部门在执法工作中需要对食品进行检验的，应当委托符合本法规定的食品检验机构进行，并支付相关费用。对检验结论有异议的，可以依法进行复检。①

3.查阅、复制有关合同、票据、账簿以及其他有关资料

查封、扣押有证据证明不符合食品安全标准的食品，违法使用的食品原料、食品添加剂、食品相关产品，以及用于违法生产经营或者被污染的工具、设备。

---

① 《食品安全法》第87、88条。

4. 查封、扣押

有证据证明不符合食品安全标准或者有证据证明存在安全隐患，以及用于违法生产经营的食品、食品添加剂、食品相关产品。

5. 查封违法从事食品生产经营活动的场所

县级以上农业行政部门应当依照《中华人民共和国农产品质量安全法》规定的职责，对食用农产品进行监督管理。① 食用农产品生产者应当依照食品安全标准和国家有关规定使用农药、肥料、生长调节剂、兽药、饲料和饲料添加剂等农业投入品。食用农产品的生产企业和农民专业合作经济组织应当建立食用农产品生产记录制度。县级以上农业行政部门应当加强对农业投入品使用的管理和指导，建立健全农业投入品的安全使用制度。国家建立农产品质量安全监测制度。依据《农产品质量安全法》第34条规定，县级以上人民政府农业行政主管部门应当按照保障农产品质量安全的要求，制订并组织实施农产品质量安全监测计划，对生产中或者市场上销售的农产品进行监督抽查。监督抽查结果由国务院农业行政主管部门或者省、自治区、直辖市人民政府农业行政主管部门按照权限予以公布。监督抽查检测应当委托符合本法第35条规定条件的农产品质量安全检测机构进行，不得向被抽查人收取费用，抽取的样品不得超过国务院农业行政主管部门规定的数量。上级农业行政主管部门监督抽查的农产品，下级农业行政主管部门不得另行重复抽查。县级以上人民政府农业行政主管部门在农产品质量安全监督检查中，可以对生产、销售的农产品进行现场检查，调查了解农产品质量安全的有关情况，查阅、复制与农产品质量安全有关的记录和其他资料；对经检测不符合农产品质量安全标准的农产品，有权查封、扣押。②

县级以上质量监督、工商行政管理、食品药品监督管理部门应当按照法定权限和程序履行食品安全监督管理职责；对生产经营者的同一违法行为，不得给予二次以上罚款的行政处罚；涉嫌犯罪的，应当依法向公安机关移送。③

二、食品安全信用档案制度

食品安全信用档案的内容应包括：食品生产经营者的许可证颁发、日常监督检查结果、违法行为查处等情况。另外还应包括消费者的反馈信息、行业协会的评

① 《中华人民共和国农产品质量安全法》第3条规定："县级以上人民政府农业行政主管部门负责农产品质量安全的监督管理工作；县级以上人民政府有关部门按照职责分工，负责农产品质量安全的有关工作。"

② 《农产品质量安全法》第39条。

③ 《农产品质量安全法》第7章。

价、相关认证机构的认证、新闻媒体的舆论监督等信息。

依据《食品安全法》第113条,县级以上人民政府食品药品监督管理部门应当建立食品生产经营者食品安全信用档案,记录许可颁发、日常监督检查结果、违法行为查处等情况,依法向社会公布并实时更新;对有不良信用记录的食品生产经营者增加监督检查频次,对违法行为情节严重的食品生产经营者,可以通报投资主管部门、证券监督管理机构和有关的金融机构。该法条不但明确了我国要建立食品安全信用档案制度,而且将建立这一制度的主体明确为县级以上人民政府食品药品监督管理部门。

三、咨询、投诉、举报处理制度

依据《食品安全法》第115条,县级以上人民政府食品药品监督管理、质量监督部门接到咨询、投诉、举报,对属于本部门职责的,应当受理并在法定期限内及时进行答复、核实、处理;对不属于本部门职责的,应当移交有权处理的部门并书面通知咨询、投诉、举报人。有权处理的部门应当在法定期限内及时处理,不得推诿。

县级以上人民政府食品药品监督管理、质量监督部门,对属于本部门职责的,应当受理,不得推诿。各食品监管部门对每起群众投诉举报要认真记录,妥善处理,并将投诉举报记录及时归档。对有明确被投诉举报人及其地址、具体违法事实的食品安全问题,应予以登记受理,填写食品安全投诉举报登记表。对属于本部门职责范围的投诉举报事项,应当依法办理并告知投诉举报人,及时将办理情况告知投诉人。

食品安全监管部门应当设立或者明确食品安全投诉举报受理工作机构负责本部门食品安全投诉举报工作,并配备与工作任务相适应的专(兼)职工作人员。食品安全监管部门应当向社会公布本部门受理食品安全投诉举报的电话号码、通信地址、电子信箱、投诉举报处理程序以及查询投诉举报处理进展及结果的方式等。

食品安全监管部门应当采取有效措施保护投诉人、举报人,并对举报人进行奖励。缺少对举报人有效的保护,是当前食品安全有奖举报制度的一个制约因素,食品安全有奖举报制度最终的运行,取决于能否为举报人提供安全的保护措施,只有为举报人提供安全的保障,降低举报风险,才能激励公众参与食品安全监督,提高举报工作的质量。接受投诉的有关部门和机关工作人员不得泄露投诉人、举报人的个人信息和投诉、举报内容,必要时应采取措施保护举报人、投诉人的人身和财产安全。

县级以上卫生行政、质量监督、工商行政管理、食品药品监督管理部门接到咨询、投诉、举报,对不属于本部门职责的,应当移交有权处理的部门处理并书面通知咨询人、举报人或投诉人,最终办理部门应及时将办理情况告知投诉人。涉及多个部门的食品安全投诉举报事项,受理有争议的,可由所在地的食品安全综合协调部门指派相关部门进行处理,或组织有关部门联合开展调查处理工作。

县级以上卫生行政、质量监督、工商行政管理、食品药品监督管理部门接到咨询、投诉、举报,属于食品安全事故的,应当立即向卫生行政部门通报。县级以上卫生行政部门接到食品安全事故的报告后,应当立即会同有关农业行政、质量监督、工商行政管理、食品药品监督管理部门进行调查处理,并采取相关措施,防止或者减轻社会危害,同时会同相关部门进行事故责任调查。①

四、信息公布、报告和通报制度

依据《食品安全信息公布管理办法》第 2 条,“食品安全信息是指县级以上食品安全综合协调部门、监察部门及其他政府相关部门在履行职责过程中制作或获知的,以一定形式记录、保存的食品生产、流通、餐饮消费以及进出口等环节的有关信息”。

从内容方面分析,食品安全信息指食品安全相关信息量的总和,具体包括:食品安全的日常监管信息、食品安全的国家标准及地方标准、对企业监测情况、食品风险评估及安全预警信息、重大食品安全事故及其处理情况等内容。

从环节分析,食品安全信息包括食品全过程的信息,即食品在生产以及流通、消费和进出口环节的信息,这些信息或直接或间接地关系食品的安全。

从主体进行分析,负责食品安全信息公开的部门包括国家食品药品监督管理局、国家质量监督检验检疫局、国家工商行政管理局,国家出入境检验检疫局,县级以上卫生行政部门、食品药品监督管理部门、质量监督管理部门、工商行政管理部门、商务行政部门以及出入境检验检疫部门。

从信息获得方式上分析,主要是在履行职责过程中制作、收集、整理而获知的有关食品安全的信息,由政府部门获取信息有利于食品安全信息的收集和整理。

(一)信息公布制度

依据《食品安全法》第 118 条,国家建立食品安全信息统一公布制度,实行食品安全信息统一公布制度。

食品安全信息公布应当准确、及时、客观,维护消费者和食品生产经营者的合法权益。负有食品安全信息报告、通报、会商职责的有关部门,应当依法及时报告、通报和会商食品安全信息,不得隐瞒、谎报、缓报。县级以上卫生行政、农业行政、质量监督、工商行政管理、食品药品监管以及出入境检验检疫部门应当建立食品安全信息公布制度,通过政府网站、政府公报、新闻发布会以及报刊、广播、电视等便于公众知晓的方式向社会公布食品安全信息。各地应当逐步建立统一的食品安全

① 《食品安全法》第 115 ~ 117 条。

信息公布平台，实现信息共享。

国务院食品药品监督管理部门负责统一公布以下食品安全信息：国家食品安全总体情况，包括国家年度食品安全总体状况、国家食品安全风险监测计划实施情况、食品安全国家标准的制定修订工作情况等；食品安全风险评估信息；食品安全风险警示信息，包括对食品存在或潜在的有毒有害因素进行预警的信息，具有较高程度食品安全风险食品的风险警示信息；重大食品安全事故及其处理信息，包括重大食品安全事故的发生地和责任单位基本情况、伤亡人员数量及救治情况、事故原因、事故责任调查情况、应急处置措施等；其他重要的食品安全信息和国务院确定的需要统一公布的信息。各相关部门应当向国务院卫生行政部门及时提供获知的涉及上述食品安全信息的相关信息。

省、自治区、直辖市人民政府食品药品监督管理部门负责公布影响仅限于本辖区的以下食品安全信息：食品安全风险监测方案实施情况、食品安全地方标准制订、修订情况和企业标准备案情况等；本地区首次出现的，已有食品安全风险评估结果的食品安全风险因素；影响仅限于本辖区全部或者部分的食品安全风险警示信息，包括对食品存在或潜在的有毒有害因素进行预警的信息，具有较高程度食品安全风险食品的风险警示信息及相应的监管措施和有关建议；本地区重大食品安全事故及其处理信息。

县级以上人民政府食品药品监督管理、质量监督、农业行政部门根据各自职责公布食品安全日常监督管理信息。日常食品安全监督管理信息涉及两个以上食品安全监督管理部门职责的，由相关部门联合公布。各有关部门应当向社会公布日常食品安全监督管理信息的咨询、查询方式，为公众查阅提供便利，不得收取任何费用。

发生重大食品安全事故后，负责食品安全事故处置的省级食品药品监督管理部门会同有关部门，在当地政府统一领导下，在事故发生后第一时间拟定信息发布方案，由食品药品监督管理部门公布简要信息，随后公布初步核实情况、应对和处置措施等，并根据事态发展和处置情况滚动公布相关信息。对涉及事故的各种谣言、传言，应当迅速公开澄清事实，消除不良影响。①

（二）信息报告制度

依据《食品安全法》第119条第1款，县级以上地方人民政府食品安全监督管理、卫生行政、质量监督、农业行政、部门获知本法规定需要统一公布的信息，应当向上级主管部门报告，由上级主管部门立即报告国务院食品药品监督管理部门；必要时，可以直接向国务院食品药品监督管理部门报告。由此可知，需要向国务院食品药品监督管理部门报告的食品安全信息是依法由国务院食品药品监督管理部门

---

① 《食品安全信息公布管理办法》第6~10条。

统一公布的国家食品安全总体情况、食品安全风险评估信息和食品安全风险警示信息、重大食品安全事故及其处理信息,以及其他重要的食品安全信息和国务院确定的需要统一公布的信息。

一般情况下,县级以上地方卫生行政、农业行政、质量监督、工商行政管理、食品药品监督管理部门获知需要上报的相关信息,应当向上级主管部门报告,由上级主管部门向国务院食品药品监督管理部门报告。必要时,县级以上地方卫生行政、农业行政、质量监督、食品药品监督管理部门可直接向国务院卫药品监督管理部门报告相关信息。两种方式虽程序不同,但所上报的信息都是由国务院食品药品监督管理部门统一公布。

(三)信息通报制度

在内部行政法律关系中,各机关也是独立法人,具有各自管理领域和独立利益。相关职能部门之间的信息流通是提升政府管理能力、扩大外部信息公开范围的前提,充分、及时、准确的食品安全信息可以增强行政机关的风险管理和决策能力。由于我国食品安全实行分段监管体制,食品安全信息的内部共享尤其重要。政府信息内部流通从涉及的主体来看,既包括上下级政府及政府部门之间的信息流通,也包括横向的跨部门之间的信息流通,涉及食品安全的行政机关主要有卫生、农业、质量监督、食品药品监督管理、检验检疫部门等。

依据《食品安全法》相关法条,国务院农业行政、质量监督、工商行政管理和国家食品药品监督管理等有关部门获知有关食品安全风险信息后,应当立即向国务院食品药品监督管理部门通报;第 16 条规定卫生行政部门向食品安全监督管理部门的信息通报义务;第 32 条省级以上人民政府卫生行政部门、食品安全监督管理、质量监督、农业行政等部门以及食品生产经营者、食品行业协会等的信息通报义务;第 92、95 条出入境检验检疫部门的信息通报义务;第 20 条卫生行政、农业行政部门相互间的信息通报义务等。《农产品质量法》第 6 条第 2 款规定国务院农业行政主管部门应将农产品质量安全风险评估结果及时通报国务院有关部门。《食品安全法实施条例》第 9 条规定国务院食品安全监督管理部门和其他有关部门建立食品安全风险信息交流机制。此外,《食品安全信息公布管理办法》是规范食品安全信息的部门规章,但其内容侧重于规范食品安全信息对外公布行为,对食品安全信息内部流通的规定简单,该办法第 6 条规定各有关部应当建立信息通报的工作机制,明确信息通报的形式、通报渠道和责任部门。

不难看出,我国有关食品安全信息内部流通的中央立法,从条文数量上来看并不少,而且从法律、法规到规章各层次都有涉及,但从具体内容来看,相关规定仍处于制度雏形的阶段,对食品安全信息内部流通仅有个别条文有所涉及,下位法对上位法的规定缺乏细化和具体化,规范内容多有重复,可操作性较差。

第六节 食品安全法律责任

法律责任,是违反了法律规定后,行为人所要承担的法律后果。法律规范应当明确规定法律责任,并且由专门的机关对法律责任进行依法追究。法律责任是法律的主要内容,它是法律义务和法律制裁之间的连接点,是保障法律运行,维护法制的关键环节。法律责任意味着国家对违法行为的否定和谴责。

食品安全法律责任,就是相关法律专门机关对违反食品安全法律法规的行为造成的危害性质依法进行认定,从而让违反食品安全法的行为人承担不利的法律后果,从而使权利受侵害人的合法权益得到保护,恢复被损害的法律关系的机制。

一、国外食品安全法律责任

(一)美国

美国对食品安全的要求是非常严格的,其着重体现在法律责任的规定。美国把食品安全的法律责任都划入产品责任中。产品责任法对食品以及其他工业产品的法律责任的规定比较苛刻,对食品安全法律责任,以严格责任原则为归责原则。这就明确了食品生产经营者对大部分食品危害无条件地承担法律责任,除非现有科学技术无法证明危害存在,而这一点对生产经营者而言又是很难做到的。

美国对食品安全法律关系主体的规制几乎包括了从农场到餐桌的所有可能牵涉的人员,食品安全法律责任的形式不仅规定了行政责任、民事责任,而且也规定了刑事责任。《联邦食品、药品、化妆品法》规定,对生产经营参加掺杂的违法行为,如果是第一次违法的,处以1 000美元罚款或者一年监禁或者两者并罚,对明知故犯的,处罚1万美元罚款加3年有期徒刑。

(二)日本

日本食品安全法律责任不仅借鉴了大陆法系国家的合理成分,而且吸收了英美法系国家的先进理论。日本食品安全法律关系主体也几乎涵盖了所有的主体,包括国家在内。食品相关的行业者,地方社会团体等不同责任主体承担不同的法律责任。

从日本《食品安全法》中可以知道日本食品安全法律责任的严苛,生产经营者的违反食品安全法的可以判处违法者3年有期徒刑和300万日元的罚款。在日本食品安全法律责任体系中,同样规定了行政责任、民事责任和刑事责任。

(三)德国

德国食品安全法受欧盟食品安全法影响较大,提出了从农场到餐桌的全程监管。法律条款细化,对食品安全要求较高,不仅责任明确,而且制裁措施严厉。德国食品安全法律规范也从行政责任、民事责任和刑事责任三种责任形式上做出了具体规定。德国《食品法》规定,对于食品生产经营者有生产经营劣质食品的,轻者处以罚款,重者可以判处5年有期徒刑。

二、我国的食品安全法律责任

民事赔偿责任优先原则。在适用食品安全责任法律的实践中,可能会出现民事赔偿责任、行政处罚和刑事责任的竞合,而违法者可能因财产不足难以同时支付上述责任的情况。对此,《食品安全法》确立了民事损害赔偿优先得到救济的原则,确保了受害人先得到补偿,从而保障受害人的合法权益。

严格责任与过错责任相结合的归责原则。对违反食品安全法律的生产者适用无过错原则,而对违反食品安全法律的销售者则适用过错原则。

食品安全法律责任是食品安全法律体系重要组成部分,具有强制力、威慑力和执行力,是连接食品安全法律义务和制裁的中间桥梁。食品安全关系国计民生,事关社会和谐稳定,对食品安全涉及的法律义务进行明确并加以落实,具有十分重大的社会意义。

(一)违反食品生产经营规定的法律责任

民事责任主要包括:人身损害赔偿责任、财产损害赔偿责任、连带责任。食品生产经营者违反食品安全法律法规,生产销售不合格食品,给消费者造成人身、财产或者其他损害的,依法承担赔偿责任。连带责任的具体情形有三个方面:集中交易市场的开办者、柜台出租者和展销会举办者未履行许可证审查义务,本市场发生食品安全事故的,应承担连带责任;社会团体或其他组织及个人在虚假广告中向消费者推荐食品损害了消费者合法权益的,与生产经营者承担连带责任;发布虚假广告使消费者合法权益受到损害的,广告主承担民事责任,广告经营者、发布者明知或应知广告是虚假的,承担连带责任。①

惩罚性赔偿责任,即生产经营者生产或故意销售不符合食品安全标准的食品,损害了消费者的合法权益的,消费者除了要求赔偿损失外,还可以向生产者或销售者要求支付价款10倍的赔偿金。②

行政责任主要包括:违反许可制度的行政责任、违反生产经营范围的行政责任、未建立记录、标签等制度的行政责任等。生产经营者违反相关法律法规所负行政责任主要有:警告,没收违法所得、违法生产经营的食品和用于违法生产经营的

---

① 《食品安全法》第122、123、130、131条。

② 《食品安全法》第148条。

工具、设备、原料等物品,罚款,吊销许可证。食品生产经营者在食品加工生产经营过程中违反食品安全法律法规的行为主要有以下内容。①

(1)未经许可从事食品生产经营活动,或者未经许可生产食品添加剂的。

(2)食品生产经营者的生产经营条件发生变化,不符合食品生产经营要求的,食品生产经营者未立即采取整改措施;有发生食品安全事故的潜在风险的,未立即停止食品生产经营活动,并向所在地县级质量监督、工商行政管理或者食品药品监督管理部门报告。

(3)餐饮服务提供者未制定并实施原料采购控制,确保所购原料符合食品安全标准。餐饮服务提供者在制作加工过程中未检查待加工的食品及原料,加工或者使用有腐败变质或者其他感官性状异常的食品及原料。

(4)食品生产企业未依照规定建立、执行食品安全管理制度的;食品生产企业未依照规定制定、实施生产过程控制要求,或者食品生产过程中有不符合控制要求的情形未依照规定采取整改措施的;食品生产企业未依照规定记录食品生产过程的安全管理情况并保存相关记录的;从事食品批发业务的经营企业未依照规定记录、保存销售信息或者保留销售票据的;餐饮服务提供企业未依照规定定期维护、清洗、校验设施、设备的;餐饮服务提供者未依照规定对餐具、饮具进行清洗、消毒,或者使用未经清洗和消毒的餐具、饮具的。

刑事责任主要包括违反许可制度违法生产、销售不符合标准食品、违反广告制度的刑事责任。依据我国《刑法》,食品生产经营者生产、销售不符合食品安全标准的食品,足以造成严重食物中毒事故或者其他严重食源性疾病的,处三年以下有期徒刑或者拘役,并处罚金;对人体健康造成严重危害或者有其他严重情节的,处三年以上七年以下有期徒刑,并处罚金;后果特别严重的,处七年以上有期徒刑或者无期徒刑,并处罚金或者没收财产。② 在生产、销售的食品中掺入有毒、有害的非食品原料的,或者销售明知掺有有毒、有害的非食品原料的食品的,处五年以下有期徒刑,并处罚金;对人体健康造成严重危害或者有其他严重情节的,处五年以上十年以下有期徒刑,并处罚金;致人死亡或者有其他特别严重情节的,依照本法第一百四十一条的规定处罚。③ 捏造并散布虚伪事实,损害他人的商业信誉、商品声誉,给他人造成重大损失或者有其他严重情节的,处二年以下有期徒刑或者拘役,并处或者单处罚金。违反国家规定,利用广告对商品或者服务作虚假宣传,情节严重的,处二年以下有期徒刑或者拘役,并处或者单处罚金。④

① 《食品安全法》第123~126条的规定。

② 我国《刑法》第143条规定了生产、销售不符合安全标准的食品罪。

③ 我国《刑法》第144条规定了生产、销售有毒、有害食品罪。

④ 我国《刑法》第221条规定了损害商业信誉、商品声誉罪。

（二）违反食品检验规定的法律责任

食品检验机构、食品检验人员出具虚假检验报告的，由授予其资质的主管部门或者机构撤销该食品检验机构的检验资质，并依法对检验机构直接责任人和主管人员给予撤职或开除的处分。[①] 该种处罚方式为双罚制，其法律依据为有提供客观、公正检验报告的法定义务，检验机构和检验人员对检验报告人员共同责任制；此外，违法聘用不具有食品检验资格的工作人员的，由相关主管部门或机构撤销检验机构的检验资格，此种处罚为单罚制。

（三）违反进出口规定的法律责任

《食品安全法》对违反食品进出口规定的法律责任涉及食品进出口企业、地方政府、监管部门、检验检疫机构四位一体的责任体系，责任形式涵盖了违反食品进出口安全规定应承担的政治、法律和社会责任。企业是市场的主体，应当成为食品安全问题的第一责任人；地方政府负有领导和协调本地区进出口食品安全监管的职责；有关食品安全监管部门各负其责。进出口食品安全责任体系由企业是主体责任人，地方政府统一管理，监管部门各负其责、检验检疫机构负有进出口环节的监管责任构成。

食品企业在进出口食品时违反规定所负的法律责任主要有：警告，没收违法所得、进出口食品，罚款，吊销许可证。主要有以下行为。

（1）进口不符合我国食品安全国家标准的食品。

（2）进口尚无食品安全国家标准的食品，或者首次进口食品添加剂新品种、食品相关产品新品种，未经过安全性评估。

（3）出口商未遵守本法的规定出口食品。

（4）进口商未建立并遵守食品进口和销售记录制度的。

（四）违反食品安全监督管理规定的法律责任

违反监督管理规定的行为包括县级以上地方政府对法定职责不作为，本地区出现重大食品安全事故造成严重社会影响；卫生、农业、质量监督、工商、食品药品监督管理部门不作为的行为及其违法滥用职权、玩忽职守、徇私舞弊的行为。

食品安全监管法律责任包括行政处分、引咎辞职、刑事责任。第一，依据《食品安全法》，食品检验机构、食品检验人员出具虚假检验报告的，由授予其资质的主管部门或者机构撤销该检验机构的检验资格；依法对检验机构直接负责的主管人员和食品检验人员给予撤职或者开除的处分。县级以上地方人民政府不履行食品安全监督管理法定职责，本行政区域出现重大食品安全事故、造成严重社会影响的，依法对直接负责的主管人员和其他直接责任人员给予记大过、降级、撤职或者

① 《食品安全法》第138条。

开除的处分。行政处分是监管部门内部，上级主管部门对下级部门违反纪律但尚未构成犯罪的轻微违法行为给予纪律制裁，即对有监管责任的部门及其工作人员失职行为追究责任，处分形式有六种：警告、记过、记大过、降级、撤职、开除。第二，引咎辞职。根据《食品安全法》的规定，负有监管职责的部门不履行法定职责，包括放弃监管、监管不力、监管缺失从而导致重大食品安全事故造成严重后果的，其部门负责人应引咎辞职。县级以上卫生行政、农业行政、质量监督、工商行政管理、食品药品监督管理部门或者其他有关行政部门不履行食品安全监督管理法定职责、日常监督检查不到位或者滥用职权、玩忽职守、徇私舞弊的，依法对直接负责的主管人员和其他直接责任人员给予记大过或者降级的处分；造成严重后果的，给予撤职或者开除的处分；其主要负责人应当引咎辞职。第三，刑事责任。相关监管部门不履行法定职责或滥用职权、玩忽职守、徇私舞弊，构成犯罪的，对直接主管人或责任人追究刑事责任。《刑法》规定，食品安全监管人员违反食品安全监管规定会触犯以下罪行：(一)徇私舞弊不移交刑事案件罪。行政执法人员徇私舞弊，对依法应当移交司法机关追究刑事责任的不移交，情节严重的，处三年以下有期徒刑或者拘役；造成严重后果的，处三年以上七年以下有期徒刑；(二)商检徇私舞弊罪。国家商检部门、商检机构的工作人员徇私舞弊，伪造检验结果的，处五年以下有期徒刑或者拘役；造成严重后果的，处五年以上十年以下有期徒刑；(三)放纵制售伪劣商品犯罪行为罪。对生产、销售伪劣商品犯罪行为负有追究责任的国家机关工作人员，徇私舞弊，不履行法律规定的追究职责，情节严重的，处五年以下有期徒刑或者拘役；(四)帮助犯罪分子逃避处罚罪。有查禁犯罪活动职责的国家机关工作人员，向犯罪分子通风报信、提供便利，帮助犯罪分子逃避处罚的，处三年以下有期徒刑或者拘役；情节严重的，处三年以上十年以下有期徒刑；(五)商检失职罪。国家商检部门、商检机构的工作人员严重不负责任，对应当检验的物品不检验，或者延误检验出证、错误出证，致使国家利益遭受重大损失的，处三年以下有期徒刑或者拘役。

第四章

专家治理与专家责任

第一节　专家治理

伴随着食品安全事故的频发，公众对食品安全问题日益关注，我国于2009年颁布了《中华人民共和国食品安全法》。这部新法相比于之前的《中华人民共和国食品卫生法》整体上有诸多进步，充分考虑到科技发展对食品行业的未来影响，因而重新设置或者改进了相关制度，具体有食品准入制度、食品安全风险监测和评估制度、食品安全标准、食品检验检疫制度、食品召回制度、惩罚性损害赔偿等制度。

良好的制度设计离不开具体机构和人员的参与实施。在食品工业快速发展的今天，一方面，食品行业的专业化越来越深，社会分工的精细化，决定了食品监管工作离不开食品行业专家的参与；另一方面，食品监管工作不仅涉及食品生产领域，为确保食品安全，还需要法律、社会、商业等各方面专家的参与。

一、专家治理的必要性

食品安全工作是一项庞大的系统工程，涉及多个环节，具有点多、面广、线长的特点，做好食品安全监管工作需要具备食品安全管理、法学、医药、公共卫生、食品标准、食品工艺、食品营养、检验检测等多个专业的人才，甚至是跨专业的复合人才。但目前政府监管队伍自身的人才储备现状与这个要求还有差距，因此必须依托专家队伍的技术力量，借助他们的知识和经验，帮助提高政府食品安全工作的决策水平。此外，政府借助专家队伍，才能克服监管上的技术瓶颈与壁垒，及时发现和解决食品安全领域的重（难）点问题，在重大食品安全事故发生后，可组织专家及时做出科学、客观地评估，引导科学消费，平息消费者恐慌情绪。

随着新资源、新材料、新技术在食品生产加工中的广泛应用以及更多环境污染物的出现，食品危害因素越来越复杂，风险越来越大，为食品安全监管工作带来巨大挑战。充分利用专家力量，了解、研究、分析食品危害的特点，寻找有效的风险控制途径，是做好食品安全监管不可或缺的内容。专家参与食品安全监管工作，已成为各国的共识。

以食品安全风险评估为例，内容涵盖评估管理、评估机构及其构成，评估对象、方法和意义，以及食品监管机构、食品安全国家标准、新食品原料、食品添加剂等与风险评估之间的关系，这些都体现了食品风险评估在保障食品安全工作中的重要性，它不仅是制定、修改食品安全标准和对食品安全实施监督管理的科学依据，也是发布食品安全风险警示的重要依据。既然食品安全风险评估如此重要，那些对风险评估具有最终发言权的风险评估专家委会的重要性也就不言而喻了。这些专家们的专业能力和职业操守，必定影响到风险评估的质量，以及因此而来的食品安全风险决策、食品安全标准和监督管理的科学性与实效性，进而决定了食品消费者对风险的承担，身体健康，乃至生命安全。

食品安全风险评估之所以需要依赖于专家，主要取决于：首先，某种食品是否安全，是否存在风险，必须基于科学证据来证明，这需要大量食品学专家的努力；其次，人们对食品风险认知存有差异，不同主体之间对风险的接受度不同，需要专家的评估意见做出裁决；最后，由于食品风险知识、信息逐渐专业化，也需要专家的评估意见，以防止食品风险管理部门滥用行政裁量权。

二、专家治理模式

（一）国外的专家治理模式

1. 美国

美国政府一方面在管理机构内部组织优秀科学家加强前沿问题的研究，另一方面积极利用政府部门以外的专家资源，通过技术咨询、合作研究等各种形式，使之为食品安全管理工作服务。同时与世界卫生组织、粮农组织等国际组织保持密切联系，分享最新的科学研究成果。政府还充分利用检验机构的专业力量，美国的食品检验机构中有大批食品工艺、微生物、营养、卫生等方面的专家，在政府的统一组织下，利用他们的专业知识，系统开展食品安全状况调查、收集并分析样品、监控进口产品、从事消费者研究等工作。

向消费者提供安全知识培训，也是食品安全专家参与食品安全监管工作的一个重要途径。美国农业部的消费者热线每年要答复大量消费者关于食品安全知识、风险防护、营养搭配等方面的咨询。

2. 欧盟

欧盟食品安全管理局设置有八个专门科学小组，分别为：食品添加剂、调味、加工辅料和与食品相接触物质组；用于动物饲料的添加剂、产品物质组；植物卫生、植物保护产品及其残留物组；转基因生物组；饮食产品、营养和应变性组；生物危险组；食品链污染组；动物卫生与福利组。八个小组在科学委员会的协调下，根据各自的职能分工开展专题研究和科学评估，为食品安全局的各项决策提供技术支持，为制定法规、标准提供基础数据。此外，在发生食品危机时，欧盟理事会将成立危机处置小组，欧盟食品安全管理局的科学家们将负责为该小组提供必要的科学和技术建议。

3. 日本

日本食品安全委员会下设专门调查会，专门调查会由规划专门调查会、风险交流专门调查会和紧急时应对专门调查会组成。同时，根据不同的危险系数而设置了13个具体的专门调查会和一系列的风险评估组，这些专门调查委员会根据功能可以将其分为三大类：化学物质类评估组、生物类评估组和新食品类评估组。

食品安全委员会依靠专门调查会实施食品安全监管职能：向内阁总理大臣陈述意见；主动进行食品影响健康的评价；根据食品影响健康的评价结果劝告相关各大臣所应采取的食品安全政策；调查审议食品安全规制政策中的重要事项，在认为有必要时，可向相关各行政机关的长官陈述意见；进行必要的科学调查研究；策划、实施与相关联系人之间的信息和意见的交换。相关各行政大臣制定食品安全基准和规格之前，必须听取食品安全委员会的专业评估意见。

（二）我国现阶段的专家治理模式

我国的《食品安全法》第5条规定，国务院设立食品安全委员会，其工作职责由国务院规定。为适应食品安全监管工作需要，充分发挥专家智库在食品安全领域的重要作用，推动决策科学化、民主化，根据《国务院食品安全委员会工作规则》，国务院食品安全委员会决定成立专家委员会，对食品安全工作提供技术咨询、政策建议、解疑释惑和科普宣传。

专家委员会作为国务院食品安全委员会的决策咨询机构，由国务院食品安全办负责组建和管理。专家委员会由主任委员、副主任委员、委员以及秘书处组成，专家委员会主任委员、副主任委员和委员由国务院食品安全委员会聘任，聘期5年。专家委员会主任委员由国务院食品安全委员会办公室主要负责同志担任，负责全面工作。副主任委员由权威专家和富有经验的相关部门领导同志担任，根据主任委员的指定，分工负责联系相关工作。专家委员会委员由食品安全相关领域的知名专家及管理部门有丰富经验的专业人士组成，受国务院食品安全办委托，主要承担以下任务：一是分析研判国内外食品安全形势，承担重大问题调研，为国家食品安全工作提供决策建议；二是参与食品安全相关政策法规、重大项目、重点规划、科研课题、年度重点工作安排的咨询论证和研究评审；三是开展食品安全风险研判，提出食品安全重点领域监管措施咨询意见，为预防和控制食品安全问题提供技术支持，参与重大食品安全事故调查与研判；四是参与食品安全科普宣传、教育培训、学术交流等工作，就公众关注的食品安全热点问题解疑释惑，对重大舆情事件进行客观真实的科学评判；五是承担国务院食品安全委员会及其办公室委托的其他工作。专家委员会秘书处设在国家食品药品监督管理总局综合司，挂靠在国家食品安全风险评估中心。

在国家食品安全委员会的示范下，各省或相关领域分别根据自身具体情况成立了食品安全专家委员会。虽然名称不一，有按属地原则叫××省食品安全专家委员会的，有按行业特色叫中国进出口食品安全专家委员会的，但都是通过政府将各领域专家整合到食品安全监管领域。

现阶段，各级政府根据实际情况，制定了一系列规章制度来规范治理。国务院制定颁布了《国务院食品安全委员会工作规则》，国家食品药品监督管理总局制定颁布了《餐饮服务食品安全专家管理办法》，各省也相继制定颁布了《××省食品安全专家委员会管理办法》。

第二节　专家责任

食品专家在食品种类日益丰富化、新颖化和转基因食品普遍化的当下发挥着不可或缺的作用，我们需要专业的食品专家对于食品中掺杂的物质和元素风险进行分析，但是无节制的权力是衍生违法的温巢，所以我们在依赖专家进行风险识别的同时，更加有必要明确专家责任并同时对专家责任进行梳理和规范。

一、食品安全专家应具备的基本条件

（1）具备相关领域的专业知识和学科背景，这是最基本的要求。食品安全工作涉及食品安全管理、法学、医药、公共卫生、食品标准、食品工艺、食品营养、检验检测等多个领域，这就要求相关领域专家在本领域内有相当的专业教育背景和学术造诣。具体而言，要求专家具备一定的学历或具有相应专业的专业技术职称，在本专业具有较高的学术造诣和丰富的实践工作经验，在相应食品专业岗位具有相当的工作年限。

（2）熟悉有关餐饮服务食品安全法律、法规、标准，了解食品安全科学技术的发展方向，具有丰富的实践经验。食品安全工作不仅需要专家的专业知识，更需要将其知识优势通过科学合理的途径转变为具体措施，这就决定了专家不仅需要有相关专业知识，还需要熟悉相关法律、法规、标准，以便更好地发挥其专业优势。食

品行业是一个快速发展的行业，对新技术的了解和掌握，是食品安全工作对专家的必然要求。食品安全关系每个公民的健康和社会的稳定，仅仅拥有理论知识，缺乏实践经验的专家是不能履行其职责的。

(3)具有良好的职业道德和职业评价，在进行具体的食品安全工作中能够坚持原则、客观公正、认真负责。

(4)身体健康，原则上年龄须在65周岁以下，能正常参加食品安全的技术审评会议，并能按要求承担和完成相关工作。

(5)不能在相关领域的中介机构或企业任职和兼职。

上述五项条件应该是食品安全专家所必须要具备的基本条件，也是保障食品安全工作专业性、权威性与公信力的基础。

二、食品安全专家的主要职责

(1)对当前食品安全工作中暴露出来的深层次问题，能够进行认真研究，积极参与食品安全发展战略和规划的制定，为政府重大决策提供依据。

(2)加强对影响食品安全的主要因素的研究，为食品安全问题的解决提供理论支持。

(3)围绕食品安全热点、难点问题，开展技术攻关，解决技术难题，积极为食品生产加工、流通经营和餐饮消费企业提供质量决策建议。

(4)加强沟通交流，架起政府和群众联系的桥梁。一方面通过专家把消费者和群众的意见和要求充分反映给政府；另一方面客观地宣传政府关于加强食品安全工作的方针、政策，为食品安全工作营造良好的舆论环境。

(5)在重大食品安全事故发生以及影响较大的食品安全问题曝光后，能够及时对有关食品安全状况做出科学、客观地评估，引导群众科学消费，消除消费者的恐慌情绪。

三、食品安全专家在参与相关活动时需承担的义务

(1)积极参加有关监管活动，按照国家有关法律法规、标准规范和审评规定等提供客观、公正、具体、明确的建议和意见，并对所签署的意见负责。

(2)以科学、公正、公平的态度从事工作，认真履行职责，廉洁自律，不得借机谋取私利。不得参与任何可能有碍审评公正性的活动。

(3)严格遵守保密规定，未经政府相关监管机关同意，不得将有关保密事项擅自发布、抄录和外传。

(4)发现食品安全违法违规行为时，及时向国家监管机构反映情况。

(5)对与自己有利害关系的相关活动，主动提出回避。

(6)积极参加有关食品安全公益性活动。

(7)不得以政府专家名义进行相关商业性活动。

第三节 专家治理的完善

食品安全工作离不开专家的参与,但专家并非是万能的,他们跟平常人一样具有一定的局限性。因此,专家治理也需要规范和完善。

一、对专家治理进行规范和完善的必要性

专家治理模式在很多方面都具有优势。客观上,专家治理模式在世界很多国家的食品安全法制度设计中都普遍存在,因为专家自身的专业性,经过专家评估风险的食品可以极大增加在公众中的可信度,以至于公众可以毫无条件地接受这种“被评估过的风险”,此种状态下的信息的霸权主义又会带来另一种认知风险。除了风险信息不对称、专家理性与公众理性之间存在差距等,当评估食品风险的专家因自身某些因素(如成为食品生产商的利益代言人,滥用专家评估权等)导致公众对科学和专家的不信任危机时,情形更加糟糕。

世界中的任何食物从某种程度上来说都是有害的,关键是多大剂量才会对人体健康构成损害。而专家依靠自身的专业能力会把危害(导致损害的可能)与风险(损害发生的概率)区分开来,并设定适当的食品安全标准,但是公众并不清楚这种食品有害剂量的概率,也即损害概率,或者说食品风险。通常,在实在法和法律经济学领域,许多专家都喜欢利用客观概率论对风险评估进行量化,认为只要以重复事件或者反复试验观察为基础,就可以寻求食品危害产生的规律,最后评价、量化并控制食品风险。但问题在于,许多食品风险事件并没有足够多的重复次数来进行观察,也就是说,依赖“概率”的观察是有局限的。同时,我们也不应忘记,在严格意义上,真实食品风险事件的概率是无法测量的。与客观概率论相反,对食品风险的概率评估只是反映了一个特定事件将发生的信仰或者信心。也就是说,在食品风险评估中会存在许多评价成分。

既然无论是专家还是民众,都无法摆脱食品风险评估上的价值问题,那么食品风险也可能是主观的、建构的,也存在主观论的倾向。对它的认知、理解和知识,要透过各种社会、文化和政治过程来认可,会随受众的社会位置和其所处的不同脉络背景而有差异。因而,无论是公众的还是专家的食品风险知识,两者皆由潜在的社会、文化过程所建构产生,都是文化理解和认知过程的产物,所以专家对风险的判断也未必比大众中立且正确。

不仅如此,风险评估决定(策)权掌握在专家手中,他们单方面审查和提供的

数据是否完全精确，也有待存疑。现实中，食品风险评估依赖精算学、统计学等数据来发挥作用，但政府或相关部门的专家数据，常常是透过某些手段“人为”筛选出的统计样本做出，其精确性和可信度是存在疑问的。近年来，国内大量的统计材料和数据已经不断地证实了这点。由此也给予我们提醒，当一个国家还没有普遍建立科学意识，大量统计数据或者分析还存在某些“水分”时，由专家来彻底掌握风险评估权更应抱谨慎态度。

此外，由于价值观的个人性，其理念的选择更是受制于主观的经验选择，因而当触及高度的科学不确定性问题时，食品风险评估判断也会卷入价值冲突之中，为了达成共识，某种程度上只能忽略某些方面的风险。专家可靠与否，还受到其他一些因素的影响，比如，专家有限理性和专家的风险评估是否独立、权威的限制。

二、专家治理的完善

（一）公众参与

一方面，我们必须动员、引导、支持公众参与食品安全风险评估活动，参与食品风险的监督管理，并保证公众对影响自己健康利益的食品风险事项，应当有知情权、参与权、监督权；另一方面，立法机构也应当保证食品立法程序的公开和透明，鼓励公众参与。政府制定食品法规的相关信息、文件和发表的评论，需以各种方式公布，并考虑公众的评议；食品安全委员会召开正式或非正式的专家咨询、论证会议时，公民可以通过宣传单、互联网等多种方式免费获得其内容。在这些方面，美国的先进经验应该是个好的例证。美国政府在制定相关食品法规时，会充分考虑公众（不仅是美国人，而且包括美国以外的人）对该法规制定的时间、事实及现实基础的合理性评价；政府所依赖的信息，公众可以通过任何方式获得；政府中的专家也会利用公共媒体向公众解释法规的科学基础，以及规制的理由；一旦发生紧急食品风险事件时，及时进行风险沟通，通过与各级食品安全体系相连的国家范围的通信系统发布警告，使所有公民都意识到风险，并还通过全球信息分享机制通告WHO，FAO，OIE，WTO等国际组织和其他地区组织及世界各个国家，以最终消除公众对食品风险事件的恐惧和不安，建立起专家与民众之间的信任机制。

（二）专家独立及相关制度保障

公众参与风险规制的目的不只是为了实现专家与民意之间的风险信息沟通，还在于一旦食品安全事件发生，如何信赖专家有效地处理其中存在的问题和纠纷。根据食品风险的相关特性可知，处理的最重要方式就是证明风险的客观存在及其发生的概率和危害程度大小，因此需要做出科学的风险评估。由于这种评估具有专家证言性质，甚至还有可能成为纠纷中的诉讼证据，因而我们不能不考虑出具风险评估报告的机构及专家的独立性和权威性。针对这个问题，我们可以借鉴欧盟的经验,采用严格的专家挑选标准、高额的报酬,以及其他一些削弱专家与政府、企业之间联系的措施来解决;同时,风险评估机构、专家小组,乃至专家的风险评估工作也需公开和透明,以接受社会各界的监督。一旦我们能实现食品风险评估上的专家独立,毫无疑问,我们就完全可以像医疗事故纠纷处理中需要医疗事故鉴定一样,从法律上确认食品安全风险评估报告在诉讼程序中的有效证据地位。只要确立其地位,那么法院在处理食品安全风险纠纷时,便更加容易建立起因果关系链,以公正分配和追究食品风险责任。与此相关,由于专家风险评估是很强的技术性活动,且又无法避免个人主观因素带来的价值干扰,即便能做到这些,由于科学本身也隐含了一些不确定性的成分,因而为了使做出的风险评估报告更为客观,符合科学要求,也必须在全面考量报告的政治、经济和社会基础后,设定更高级别的风险评估机构来进行“二次评估”。通过这种“第二轮的专家治理”,即两轮专家意见的做出,在遵守一定的法定程序基础上,公示评估报告所选择的特定价值及其理由,在最终交给决策机构之前,予以揭露并昭示公信,以进一步建立专家与民众的信任。

(三)媒体监督

媒体是信息传递和交流的工具和手段,常见的媒体形式有报纸、广播、电视、网络、手机等。在现代社会,这五种媒体形式共同承担着传递信息的任务,多种形式的媒体类型促进了信息的快速流动,在全社会甚至全球范围内产生了强势作用。法国思想家卢梭认为媒体舆论是在政治法、民法和刑法之外的第四种法律,甚至是一切之中最重要的一种;这种法律既不是铭刻在大理石上,也不是铭刻在铜表上,而是铭刻在公民的内心,它形成了国家的真实宪法;它每天都在获得新的力量,当其他的法律衰老或者消亡的时候,它可以复活那些法律或代替那些法律,它可以保持一个民族的创制精神,而且可以不知不觉地以习惯的力量取代权威的力量。

媒体能够充分搜集、调查并向社会大众传播信息;保证社会信息沟通,充当社会大众和国家、政府之间的桥梁,起到上听下达和下情上传的作用;使公众了解世界真相,现代社会信息充斥着世界的各个角落,作为受众的我们没有能力去分析和了解全部的公共事件,而媒体在这个方面恰能起到较大的作用。通过新闻媒体的监督,可以保证食品安全信息的公开,也能规范和完善专家治理。

(四)非政府组织

非政府组织(non-government organization,NGO)作为在社会组织结构中与市场和政府相互依托的一个新事物,20 世纪 80 年代以来在全球范围内得到了快速发展。有学者认为,它引发了一场革命,可称作是“全球性社团革命”,它与政府、企业共同构成现代民主国家的三大组织支柱,是人类社会发展史上一次伟大的组织制度的创新。

现阶段,我国的食品安全专家治理主要通过各级政府设立的食品安全专家委员会、检验检疫机构及标准化委员会等机构来实现。相对于政府和企业,非政府组织既不靠权力激励,也不靠经济利益推动,它从事社会公益活动,是非强制、非等级和非利润取向的网络型体制,它发展的最深层动力就是其独特的伦理精神。这种精神的实质就是人们基于一定的公共意识、关怀意识、责任意识、参与意识等而进行的一种自觉努力。我国目前活跃在食品安全领域的非政府组织主要包括两类:一类是食品企业行业协会,另一类是消费者组织。不论是食品企业行业协会,还是消费者组织,它们作为企业、政府和消费者个体之间的联结环节和传导器,自觉履行在食品安全生产中的责任不仅是自身的功能使然,而且也是保障整个行业健康可持续发展的要求。

因此,现阶段发展和完善非政府组织的专家治理,引导行业协会和消费者组织建立健全组织内部的食品安全专家委员会是十分必要的。隶属于政府机构、企业和非政府组织的专家对同一食品安全问题进行讨论分析,有助于公众更好地全面地了解相关内容,更加理性客观地认知风险;也有助于加强专家的自律,令其不敢欺骗公众或有意误导公众。

第五章

食品准入制度

第一节　食品认证准入制度概述

根据2003年由国务院总理签署的《中华人民共和国认证认可条例》的规定，认证是指由认证机构证明产品、服务、管理体系符合相关技术规范、相关技术规范的强制性要求或者标准的合格评定活动。国家对认证认可工作实行在国务院认证认可监督管理部门统一管理、监督和综合协调下，各有关方面共同实施的工作机制。2018年由中办发布的《国家市场监督管理总局职能配置、内设机构和人员编制规定》中规定了国家市场监督管理总局负责统一管理、监督和综合协调全国认证认可工作，建立并组织实施国家统一的认证认可和合格评定监督管理制度。具体来说，认证监督管理司拟定实施认证和合格评定监督管理制度。规划指导认证行业发展并协助查处认证违法行为。组织参与认证和合格评定国际和区域性组织活动。

目前的食品安全认证体系，标准从低到高是"普通无认证食品"—"无公害食品"（加工食品中是QS强制标准）—"绿色食品"（A级与AA级）—"有机食品"。QS(quality safety)认证是我国自2001年开始建立实施的并于2004年1月1日起实行的食品质量安全标志，是食品质量安全市场准入制度。[①] 这一制度以食品生产许可、强制检验、市场准入(QS)标志为关键内容。[②] 根据我国《加强食品质量安全监督管理工作实施意见》（国质检监函〔2002〕282号）的规定："凡在中华人民共

---

① 宁鹏霞：《QS标志保障食品质量安全》，载《农产品加工》2003年第4期，第45页。

② 李树和，田春雨，张晓敏：《食品质量安全市场准入制度——QS认证》，载《中国食物与营养》2007年第5期，第11页。

和国境内从事食品生产加工的公民、法人或其他组织，必须具备保证食品质量的必备条件，按规定程序获得食品生产许可证，生产加工的食品必须经检验合格并加贴(印)食品市场准入标志后，方可出厂销售。进出口食品的管理按照国家有关进出口商品监督管理规定执行。”

其他还有很多标准，如 ISO 9001 和 ISO 22000(有些已经被国内吸收成为国标)、GAP(良好农业规范)、HACCP(风险分析和关键控制点)，属于非主流的标准，应用性有限，或者是相对独立的安全标准，相互之间不具备可比性。

第二节　食品生产准入制度

一、食品生产准入制度的一般规定

食品生产准入制度，实际上就是对食品生产的许可制度。前文的认证体系中其实也包含此类要素。国家对食品生产经营实行许可制度。除了销售食用农产品外，从事食品生产、食品销售、餐饮服务，也应当依法取得许可。简晓华与天津华润万家生活超市有限公司、天津华润万家生活超市有限公司红旗路分公司买卖合同纠纷一案，2017 年 2 月 20 日 15 时 14 分，原告简晓华在被告华润万家红旗路分公司处购买了一袋“好想你红枣姐姐核桃夹心枣”，单价为 16.9 元。该袋装产品在外包装上载明：①产品名称：核桃夹心枣；②配料表：红枣、核桃仁；③生产日期：见包装右上角；④保质期：9 个月；⑤产品标准：Q/HXN0006S，生产许可证号：QS410117020001；⑥制造商：好想你枣业股份有限公司。包装显示的生产日期为 20161029。经查，好想你枣业股份有限公司于 2013 年 5 月 28 日办理《全国工业生产许可证》，证书编号为 QS410117020001，产品名称为水果制品(水果干制品)，有效期至 2016 年 8 月 21 日。涉诉商品为该公司在生产许可证失效后生产。法院认为，我国对食品生产经营者实行许可制度，从事食品生产、食品销售、餐饮服务，应当依法取得许可。涉诉商品在生产许可证已经过期的情况下依然被生产售卖，可以认定为未经许可从事生产经营活动。

县级以上地方人民政府食品药品监督管理部门应当依照《中华人民共和国行政许可法》的规定，审核申请人提交的以下方面的相关资料：具有与生产的食品品种、数量相适应的食品原料处理和食品加工、包装、贮存等场所，保持该场所环境整洁，并与有毒、有害场所以及其他污染源保持规定的距离；具有与生产的食品品种、数量相适应的生产设备或者设施，有相应的消毒、更衣、盥洗、采光、照明、通风、防腐、防尘、防蝇、防鼠、防虫、洗涤以及处理废水、存放垃圾和废弃物的设备或者设施；有专职或者兼职的食品安全专业技术人员、食品安全管理人员和保证食品安全的规章制度;具有合理的设备布局和工艺流程,防止待加工食品与直接入口食品、原料与成品交叉污染,避免食品接触有毒物、不洁物。

根据2018年7月30日开始施行的《国家市场监督管理总局职能配置、内设机构和人员编制规定》,国家市场监督管理总局食品生产安全监督管理司分析掌握生产领域食品安全形势,拟订食品生产监督管理和食品生产者落实主体责任的制度措施并组织实施。这说明,该部门成为实际上承担食品生产准入监管责任的部门。同时,该部门还组织食盐生产质量安全监督管理工作、开展食品生产企业监督检查、查处相关重大违法行为、指导企业建立健全食品安全可追溯体系。

县级以上地方人民政府食品药品监督管理部门必要时对申请人的生产经营场所进行现场核查;对符合规定条件的,准予许可;对不符合规定条件的,不予许可并书面说明理由。一般来说食品生产经营许可的有效期为5年。

食品生产经营者的生产经营条件发生变化,不符合食品生产经营要求的,食品生产经营者应当立即采取整改措施;有发生食品安全事故的潜在风险的,应当立即停止食品生产经营活动,并向所在地县级市场监督管理部门报告;需要重新办理许可手续的,应当依法办理。县级以上市场监督管理部门应当加强对食品生产经营者生产经营活动的日常监督检查;发现不符合食品生产经营要求情形的,应当责令立即纠正,并依法予以处理;不再符合生产经营许可条件的,应当依法撤销相关许可。

二、食品生产许可的特殊规定

法律、法规对食品生产加工小作坊和食品摊贩的生产许可另有规定的,依照其规定。对于食品生产加工小作坊和食品摊贩等从事食品生产活动,应当符合《食品安全法》规定的与其生产经营规模、条件相适应的食品安全要求,保证所生产的食品卫生、无毒、无害,食品药品监督管理部门应当对其加强监督管理。食品生产加工小作坊和食品摊贩等的具体管理办法由省、自治区、直辖市制定。

透过济南紫金玫瑰有限公司与济南市食品药品监督管理局、济南市人民政府行政处罚纠纷可以更加清楚地认识上述规定。

2015年4月30日,案外人向济南市食药局举报紫金玫瑰公司生产的阿胶糕存在违法问题。2015年5月7日,济南市食药局的两名执法人员对紫金玫瑰公司进行现场检查,随机抽取生产车间正在生产的阿胶糕以及阿胶阿胶两批次共600g送检。5月20日,检验报告显示两批次阿胶的牛皮原成分不符合《国家食药监局药品检验补充检验方法和检验项目批准件2012001》的规定。5月28日,济南市食药局以紫金玫瑰公司涉嫌采购使用不符合食品安全标准的原料为由予进行处罚。紫金玫瑰公司对(济)食药监《行政处罚决定书》及济政《行政复议决定书》不服提起诉讼。一审法院认为，根据2015年《中华人民共和国食品安全法》第六条第二款①及《食品药品行政处罚程序规定》第六、第七条②，被告济南市食药局作为济南市行政区域内的食品药品监督管理部门，负责本区域的食品安全监督管理工作，对案外人举报原告紫金玫瑰公司生产的阿胶糕存在违法问题的行为有做出行政处罚的法定权限，被告济南市食药局根据案外人的举报查处原告紫金玫瑰公司的违法行为合法。紫金玫瑰公司不服一审判决上诉称：①一审判决认定事实不清。被上诉人济南市食药局以《批准件2012001》作为检验依据对上诉人进行处罚，系对食品安全标准的错误理解，加重了上诉人的法定义务；②被上诉人处罚决定适用法律错误。上诉人的行为没有造成任何危害后果，应当不予处罚。被上诉人适用药品管理的规定进行抽检，又适用食品安全规定进行处罚，属于适用法律错误。上诉人在进货时已履行了索票、索证义务，依法检查了供货商的相关手续，被上诉人错误理解《食品安全法》第五十条的规定，违背立法原意，加重了上诉人义务，处罚没有法定依据。请求撤销一审判决，将案件发回重审或改判撤销两被上诉人分别做出的行政处罚决定及行政复议决定。二审法院认为：①事实认定问题。《中华人民共和国食品安全法》第五十条第一款规定："食品生产者采购食品原料、食品添加剂、食品相关产品，应当查验供货者的许可证和产品合格证明文件；对无法提供合格证明文件的食品原料，应当依照食品安全标准进行检验；不得采购或者使用不符合食品安全标准的食品原料、食品添加剂、食品相关产品"。第三十条规定："国家鼓励食品生产企业制定严于食品安全国家标准或者地方标准的企业标准，在本企业适用，并报省、自治区、直辖市人民政府卫生行政部门备案"。《批准件2012001》的执行标准为2010版药典第一部，并且检测方法不影响2010年版药典中对阿胶成分的规定。此外，《批准件2012001》作为国家市场监督管理总局制定的用于阿胶的监督检查依据，其适用并不以企业标准引用为前提。因此，山东省食品药品检验研究院采用该检验依据并无不当。②法律适用问题。《中华人民共和国食品安全法》第一百二十五条规定："违反本法规定，有下列情形之一的，由县级以上人民

---

① 《中华人民共和国食品安全法》第六条第二款：县级以上地方人民政府依照本法和国务院的规定，确定本级食品药品监督管理、卫生行政部门和其他有关部门的职责。有关部门在各自职责范围内负责本行政区域的食品安全监督管理工作。

② 食品药品行政处罚程序规定：第六条，行政处罚由违法行为发生地的食品药品监督管理部门管辖。第七条，县(区)、市(地、州)食品药品监督管理部门依职权管辖本行政区域内的食品药品行政处罚案件。省、自治区、直辖市食品药品监督管理部门依职权管辖本行政区域内重大、复杂的食品药品行政处罚案件。国家食品药品监督管理总局依职权管辖应当由自己实施行政处罚的案件及全国范围内发生的重大、复杂的食品药品行政处罚案件。省、自治区、直辖市食品药品监督管理部门可以依据法律法规和规章，结合本地区实际，规定本行政区域内级别管辖的具体分工。

政府食品药品监督管理部门没收违法所得和违法生产经营的食品、食品添加剂，并可以没收用于违法生产经营的工具、设备、原料等物品；违法生产经营的食品、食品添加剂货值金额不足一万元的，并处五千元以上五万元以下罚款；货值金额一万元以上的，并处货值金额五倍以上十倍以下罚款；情节严重的，责令停产停业，直至吊销许可证：……（四）食品生产者采购、使用不符合食品安全标准的食品原料、食品添加剂、食品相关产品；……”；《山东省食品药品监督行政处罚裁量权适用规则》第八条规定：“从轻或者减轻处罚，应当综合考虑以下因素：（一）标的物安全性要求较低；……（四）违法所得较少；……（六）主动交代，配合调查取证；……（八）检举、揭发他人食品药品违法行为，查证属实；（九）有证单位，生产、经营、使用行为符合质量管理规范；……”。该案中，上诉人的行为违反了《食品安全法》第五十条的规定，济南市食药局综合考虑了上诉人存在标的物安全性要求较低、无违法所得、主动交代并积极配合、主动检举他人食品违法行为等因素，在做出处罚决定时对上诉人予以减轻处罚，符合相关法律法规规定。对于上诉人提出的其在进货时已履行了检查义务，并且行为没有造成任何危害后果，应当不予处罚的主张，法院认为，根据《食品安全法》第五十条、第一百二十五条的规定，食品生产者“不得采购或者使用不符合食品安全标准的食品原料”并无前置条件，只要不符合安全标准的食品原料都不能在生产过程中使用，上诉人的主张没有法律依据。依据《食品安全法》等有关法律规定，食品生产经营者具有保证所采购食品原料符合相关标准的法定义务，不得以其在进货时已履行了检查义务，并且行为没有造成任何危害后果为由免除责任。对于食品原料购买、经营、使用等方面存在的违法行为，人民法院应当支持食品药品监督管理部门依法行政，防控食品安全风险，保障人民的合法权益。因此，对于上诉人的主张法院不予支持。

经由本案我们可以看出，食品药品领域法律、法规及省、自治区、直辖市制定的具体管理办法均为保证食品安全的重要因素，二者需要紧密衔接。

三、食品生产许可的相关规定

国家对食品添加剂生产实行许可制度。从事食品添加剂生产，应当具有与所生产食品添加剂品种相适应的场所、生产设备或者设施、专业技术人员和管理制度，并依照《食品安全法》对食品生产规定的程序，取得食品添加剂生产许可。生产食品添加剂应当符合法律、法规和食品安全国家标准，如以下的胡瑛琳与北京京东世纪信息技术有限公司买卖合同纠纷一案。

2014 年 6 月 5 日，胡瑛琳自京东公司处购买了 GNC 健安喜葡萄籽精华胶囊 4 瓶（单价 229 元）、Swanson 斯旺森番茄提取物营养胶囊 4 瓶（单价 169 元），商品金额1 592元,优惠710元,实际共付款882元。斯旺森番茄提取物营养胶囊的生产日期为2013年7月19日,其外包装英文配料栏标注有蜂蜡,中文配料栏中未标明蜂蜡。2014年1月28日,首都机场出入境检验检疫局就包括斯旺森番茄提取物营养胶囊在内的22种进口商品出具卫生证书,载明:“该批进口食品经检验,所检项目符合我国食品安全标准要求,准予销售使用。未加贴合格中文标签不得在中国境内销售。”2015年4月20日,国家卫生和计划生育委员会出具不予准许行政许可决定书,载明:“诺天源(中国)贸易有限公司:你单位于2015年1月5日提交的关于硬脂酸镁(卫食添新申字(2015)第0022号)许可申请,不符合法定条件、标准,不予准许。理由:压片及胶囊食品不属于GB2760中规定的食品类别。”一审法院认为,GB2760—2011第4条“食品分类系统”规定:“食品分类系统用于界定食品添加剂的适用范围,只适用于本标准,见附录F。如允许某一食品添加剂应用于某一食品类别时,则允许其应用于该类别下的所有类别食品,另有规定的除外。”虽然GB2760—2011对蜂蜡的添加范围进行了限定,但该限定仅适用于GB2760—2011中附录F所规定的食品分类,压片及胶囊食品不属于GB2760—2011中规定的食品类别。涉案番茄提取物营养胶囊并不适用该标准的有关规定,胡瑛琳主张番茄提取物营养胶囊中添加蜂蜡违反了我国食品安全标准,依据不足,一审法院不予支持。二审法院认为,《中华人民共和国食品安全法》第五十三条第一款规定:“食品经营者采购食品,应当查验供货者的许可证和食品出厂检验合格证或者其他合格证明。”该案中,胡瑛琳未提供有效证据证明京东公司主观上知道或者应当知道涉案食品不符合食品安全标准,而京东公司则提供了供货商的营业执照、组织机构代码证、食品流通许可证等资质证照及出入境检验检疫部门出具的涉案食品经检验合格的卫生证书,用于证明其作为销售者已经尽到了必要的查验义务,主观上不存在明知。因此,驳回上诉,维持原判。

食品添加剂应当在技术上证明确有必要且经过风险评估证明安全可靠,方可列入允许使用的范围,有关食品安全国家标准也应当根据技术必要性和食品安全风险评估结果及时修订。食品生产者应当按照食品安全国家标准使用食品添加剂。例如:上诉人李政与被上诉人大商集团郑州新玛特购物广场有限公司产品销售者责任纠纷一案。

2015年1月31日,原告从被告所属建设路店购买雅妍牌野生爽口山葡萄酒6瓶,总价值64.80元。原告认为该商品外包装上有“山梨酸钾、微量二氧化硫”字样,却未标明含量,不符合食品安全国家标准,依法提起本案诉讼。原审法院另查明,根据原告提交的证据显示,2015年5月14日,郑州市工商行政管理局二七分局对大商集团河南超市连锁发展有限公司京广路店做出处罚决定,认为该店出售的雅妍牌野生爽口山葡萄酒外包装标签标注“微量二氧化硫”,却未标明具体含量。原审法院认为,食品安全是指食品无毒、无害,符合应当有的营养要求,对人体健康不造成任何急性、亚急性或者慢性危害。食品的生产经营必须符合食品安全标准。生产不符合安全标准的食品,给消费者造成人身或者财产损害的,消费者可以要求赔偿,并支付价款十倍赔偿金。被告销售的食品是否符合预包装标签的行为,属于行政处罚范畴,原告提交的证据不能证明被告所销售食品不符合食品安全标准,给其人身及财产造成损害。故原告的主张缺乏事实及法律依据,该院不予支持。李政上诉称,原审认定事实不清,适用法律错误。李政提供的证据能够证明,新玛特公司销售了不符合食品安全标准的食品,原审法院没有认定。食品安全和食品安全标准二者的含义不同,生产、销售不符合食品安全标准的食品,应当承担赔偿损失等民事责任。原审没有判决新玛特公司承担赔偿责任,属于适用法律错误。二审法院认为,食品安全标准的内容,不仅包括对食品内在质量的要求,同时也包括对标签、标识及说明书等外在形式的要求。标签标注内容及标注形式也属于食品安全标准范畴。新玛特公司销售的葡萄酒没有标明二氧化硫的含量,对添加剂标注不符合食品安全标准。

另外,生产食品相关产品应当符合法律、法规和食品安全国家标准。对直接接触食品的包装材料等具有较高风险的食品相关产品,按照国家有关工业产品生产许可证管理的规定实施生产许可。质量监督部门应当加强对食品相关产品生产活动的监督管理。

除此之外,国家市场监管总局还设有特殊食品安全监督管理司,负责分析掌握保健食品、特殊医学用途配方食品和婴幼儿配方乳粉等特殊食品领域安全形势,拟订特殊食品注册、备案和监督管理的制度措施并组织实施,组织查处相关重大违法行为。

第三节　食品经营准入制度

同食品生产一样,食品销售和餐饮服务作为食品经营行为,同样需要行政许可,需要提交与食品生产领域要求一样的资料。但是,销售食用农产品,不需要取得许可。2018 年 7 月组建国家市场监管总局食品经营安全监督管理司,承担“分析掌握流通和餐饮服务领域食品安全形势,拟订食品流通、餐饮服务、市场销售食用农产品监督管理和食品经营者落实主体责任的制度措施,组织实施并指导开展监督检查工作”的任务。对食品生产加工小作坊和食品摊贩的监管,除了要求其符合上述生产领域的要求外,县级以上地方人民政府应当对食品生产加工小作坊、食品摊贩等进行综合治理,加强服务和统一规划,改善其生产经营环境,鼓励和支持其改进生产经营条件,进入集中交易市场、店铺等固定场所经营,或者在指定的临时经营区域、时段经营。无锡美通食品科技有限公司诉无锡质量技术监督局高新技术产业开发区分局质监行政处罚二审案。

2010 年 12 月 30 日、2011 年 1 月 13 日，被告新区质监局执法人员对原告美通公司进行检查中发现，该公司的生产车间内正在生产肉制品，仓库内堆放有已包装的速冻调理生肉制品成品。因涉嫌未经许可从事食品生产经营活动，新区质监局于 1 月13 日对库存成品进行查封，并开具责令改正通知书。但美通公司于 1 月 18 日、19 日擅自转移了部分被查封的成品合计 21 675 千克，货值金额 511 820.1 元。1 月 20 日，被转移的查封产品全部追回并重新进行了查封。另外，原告美通公司已取得肉制品（酱卤肉制品）、方便食品（其他方便食品）、豆制品（非发酵性豆制品）三个单元成品的食品生产许可证，但其于 2010 年 10 月开始生产的新产品速冻调理生肉制品不包含在已获证产品范围内。美通公司自 2010 年 10 月 15 日开始至 2011 年 1 月 13 日共生产速冻保鲜调理食品 91 365 千克，货值金额 1 999 693.8 元。被告新区质监局做出了锡新质监罚告字〔2011〕第 18 号《行政处罚告知书》、〔2011〕第 19 号行政处罚决定书。原告美通公司不服，6 月 2 日向无锡市人民政府申请行政复议。9 月 7 日，无锡市人民政府做出维持处罚的复议决定书。

该案一审的争议焦点是：①处罚决定所认定的事实是否成立，原告美通公司是否有未经许可从事冷冻食品的生产经营活动；②被告新区质监局做出处罚决定的程序是否合法；③处罚决定是否显失公平；④处罚决定使用法律是否正确。一审法院认为：第一，根据《食品安全法》，国家对食品生产经营实行许可制度。企业从事食品生产经营活动，应当依法取得食品生产许可。未经许可从事食品生产经营活动，要承担相应的法律责任。在该案中，原告美通公司虽然获得了肉制品（酱卤肉制品）、方便食品（其他方便食品）、豆制品（非发酵性豆制品）三个单元成品的食品生产许可，但其于 2010 年 10 月份开始生产的速冻保鲜调理食品在产品定义、配料、生产工艺上不属于这三个许可范围之内，属未经许可从事食品生产，违反了《食品安全法》第三十五条第一款的规定；第二，原告在被告新区质监局对其产品进行查封后，擅自转移部分被查封的产品，违反了《产品质量法》第六十三条的规定，上述违法行为理应被追究责。被告做出相应的行政处罚于法有据。对于原告美通公司认为对其未经许可从事食品生产的行为查处应适用《食品生产加工企业质量安全监督管理实施细则》和《工业产品生产许可证管理条例》而非《食品安全法》的意见，法院认为从法律层级上来看，后者较高；从制定的时间来看，后者较晚，因此，根据法律的适用原则，被告新区质监局选择《食品安全法》作为处罚依据是正确的；对于原告认为其只存在生产行为不存在经营行为，被告认定事实有误的意见，法院认为食品生产行为已由法律将其纳入质量监管范围，只要原告有违法的食品生产行为，即应受到查处；对于原告认为被告在其生产前期未予以制止，导致原告继续生产，受到严重的行政处罚，被告存在执法程序错误的意见，法院认为被告从立案、调查取证、采取行政强制措施、处罚告知到处罚决定等一系列行政程序合乎法律规定，并无不当。

上诉人美通公司上诉称：①本案应当根据特别法优于普通法的原则，应优先适用《条例》和《实施细则》，而不应适用《食品安全法》第一百二十四条之规定进行处罚；②上诉人仅仅从事食品生产活动，并未有食品经营活动，故处罚决定及一审判决均认定上诉人未经许可从事冷冻食品的生产经营活动有误；③被上诉人新区质监局发现上诉人生产产品不符合生产经营要求情形后，未责令上诉人立即纠正，严重违反法定程序，导致上诉人生产的超出现有许可证范围的产品增加；④新区质监局在第一次发现上诉人生产的速冻调理生肉制品(上浆肉片)之前，上诉人已经生产的产品价值仅为68 043.6元，新区质监局超出该价值，认定上诉人生产了价值1 999 693.8元新产品错误。综上，原审判决错误，请求二审法院依法改判。

被上诉人新区质监局辩称：①国务院《条例》是行政法规，国家质量监督检验检疫总局《实施细则》是部门规章，而《食品安全法》是全国人大常委会制定的法律，按照上位法优于下位法的原则，对上诉人的处罚应适用《食品安全法》的规定；②《食品安全法》中“食品生产经营”的概念应是指从事食品生产或者食品经营，而不是上诉人所认为的既从事食品生产又从事食品经营；③上诉人美通公司作为落实产品质量安全主体责任的责任人，应当对自己的行为及其后果承担法律责任，而不是被动地坐等监管部门或其他第三方来指出、纠正，并以此来推卸责任，被上诉人在检查时不能做出责令停止生产这一处罚决定。故请求维持一审判决。

此案二审争议焦点之一是美通公司的行为是否符合从事“生产经营活动”要件。无锡市中级人民法院二审认为：国家质量监督检验检疫总局《食品生产许可管理办法》第三十条规定：“企业应当在食品生产许可的品种范围内从事食品生产活动，不得超出许可的品种范围生产食品。”第三十五条则规定对于违反该三十条的按照《食品安全法》第八十四(即一百二十四条)规定处罚。《食品安全法》第一百二十四条规定的条件为“违反本法规定，未经许可从事食品生产经营活动，或者未经许可生产食品添加剂的。”因此，《食品生产许可管理办法》明确将企业的生产行为纳入生产经营范围，该案中美通公司的生产行为即属于生产经营活动。

第四节 食品进出口准入制度

一、食品进口风险管理制度

食品进口风险管理制度包括进口食品标准化管理制度和进口食品安全性评估制度。[①] 针对前者,《食品安全法》第92条第1款规定,“进口的食品、食品添加剂、食品相关产品应当符合我国食品安全国家标准”。例如,徐大江与广州晶东贸易有限公司买卖合同纠纷一案中,广州市中级人民法院认为,《中华人民共和国食品安全法》明确规定:“进口的食品、食品添加剂、食品相关产品应当符合我国食品安全国家标准。”而《食品安全国家标准 食品添加剂使用标准》(GB2760—2014)规定了食品中允许使用的食品添加剂品种、使用范围及最大使用量或残留量,“硬脂酸镁”作为食品添加剂允许以乳化剂或者抗结剂在蜜饯凉果、可可制品、巧克力和巧克力制品(包括代可可脂巧克力及制品)以及糖果中使用。涉案产品均不在上述类别中,属超范围添加“硬脂酸镁”,明显违反国家标准的规定。同时,《食品安全法》第93条规定,“进口尚无食品安全国家标准的食品,由境外出口商、境外生产企业或者其委托的进口商向国务院卫生行政部门提交所执行的相关国家(地区)标准或者国际标准。国务院卫生行政部门对相关标准进行审查,认为符合食品安全要求的,决定暂予适用,并及时制定相应的食品安全国家标准。进口利用新的食品原料生产的食品或者进口食品添加剂新品种、食品相关产品新品种,依照本法第37条的规定办理”。按照《食品安全法》第37条,“利用新的食品原料生产食品,或者生产食品添加剂新品种、食品相关产品新品种,应当向国务院卫生行政部门提交相关产品的安全性评估材料。国务院卫生行政部门应当自收到申请之日起六十日内组织审查;对符合食品安全要求的,准予许可并公布;对不符合食品安全要求的,不予许可并书面说明理由”。

例如,优禾生活实业(上海)有限公司与胡祥年买卖合同纠纷一案,北京市第二中级人民法院法官认为,根据《食品安全法》第26条规定,食品安全标准应当包括对与卫生、营养等食品安全要求有关的标签、标志、说明书的要求。根据本案已查明的事实,涉案玛咖片的食品标签未标注不适宜人群和食用限量,而卫生部《关

---

① 倪楠,舒洪水,苟震:《食品安全法研究》,中国政法大学出版社2016年版,第219-221页。

于批准玛咖粉作为新资源食品的公告》载明，玛咖粉食用量≤25克/天，婴幼儿、哺乳期妇女、孕妇不宜食用；食品的标签、说明书应当标注不适宜人群和食用限量。《食品安全标准预包装食品标签通则》第5条规定，按国家相关规定需要特殊审批的食品，其标签标识按照相关规定执行。此外，《新食品原料安全性审查管理办法》第4条规定，新食品原料应当经过国家卫生计生委安全性审查后，方可用于食品生产经营。《新食品原料安全性审查管理办法》第19条规定，食品中含有新食品原料的，其产品标签标识应当符合国家法律、法规、食品安全标准和国家卫生计生委公告要求。根据上述规定以及《关于批准玛咖粉作为新资源食品的公告》可知，玛咖粉是国家规定的需要经过特殊审批方可用于食品生产经营的新资源食品，其标签标识应当符合国家法律、法规、食品安全标准以及卫生部公告的要求。优禾生活公司虽称其生产的玛咖片属于代用茶，是泡水的，而非直接食用的玛咖粉，生产工艺与玛咖粉完全不同，但并未提供证据证明玛咖粉与玛咖片有实质差异。因此，优禾生活公司关于涉案玛咖片符合食品安全标准，且优禾生活公司不存在明知涉案玛咖片不符合食品安全标准情形的主张，没有事实及法律依据，法院不予支持。

二、食品进口预警制度

《食品安全法》第95条规定，“境外发生的食品安全事件可能对我国境内造成影响，或者在进口食品、食品添加剂、食品相关产品中发现严重食品安全问题的，国家出入境检验检疫部门应当及时采取风险预警或者控制措施，并向国务院食品药品监督管理、卫生行政、农业行政部门通报。接到通报的部门应当及时采取相应措施。县级以上人民政府食品药品监督管理部门对国内市场上销售的进口食品、食品添加剂实施监督管理。发现存在严重食品安全问题的，国务院食品药品监督管理部门应当及时向国家出入境检验检疫部门通报。国家出入境检验检疫部门应当及时采取相应措施”。同时涉及的法条规定还有《食品安全法》第100条的规定，即国家出入境检验检疫部门收集进口食品安全信息的制度规定。具体来说，国务院组织制订国家食品安全事故应急预案。县级以上地方人民政府应当根据有关法律、法规的规定和上级人民政府的食品安全事故应急预案以及本行政区域的实际情况，制订本行政区域的食品安全事故应急预案，并报上一级人民政府备案。食品安全事故应急预案应当对食品安全事故分级、事故处置组织指挥体系与职责、预防预警机制、处置程序、应急保障措施等做出规定。食品生产经营企业应当制订食品安全事故处置方案，定期检查本企业各项食品安全防范措施的落实情况，及时消除事故隐患。发生食品安全事故的单位应当立即采取措施，防止事故扩大。事故单位和接收病人进行治疗的单位应当及时向事故发生地县级人民政府食品药品监督管理、卫生行政部门报告。

县级以上人民政府质量监督、农业行政等部门在日常监督管理中发现食品安全事故或者接到事故举报,应当立即向同级食品药品监督管理部门通报。发生食品安全事故,接到报告的县级人民政府食品药品监督管理部门应当按照应急预案的规定向本级人民政府和上级人民政府食品药品监督管理部门报告。县级人民政府和上级人民政府食品药品监督管理部门应当按照应急预案的规定上报。任何单位和个人不得对食品安全事故隐瞒、谎报、缓报,不得隐匿、伪造、毁灭有关证据。医疗机构发现其接收的病人属于食源性疾病病人或者疑似病人的,应当按照规定及时将相关信息向所在地县级人民政府卫生行政部门报告。县级人民政府卫生行政部门认为与食品安全有关的,应当及时通报同级食品药品监督管理部门。县级以上人民政府卫生行政部门在调查处理传染病或者其他突发公共卫生事件中发现与食品安全相关的信息,应当及时通报同级食品药品监督管理部门。

县级以上人民政府食品药品监督管理部门接到食品安全事故的报告后,应当立即会同同级卫生行政、质量监督、农业行政等部门进行调查处理,并采取下列措施,防止或者减轻社会危害:①开展应急救援工作,组织救治因食品安全事故导致人身伤害的人员;②封存可能导致食品安全事故的食品及其原料,并立即进行检验;对确认属于被污染的食品及其原料,责令食品生产经营者依照本法第六十三条的规定召回或者停止经营;③封存被污染的食品相关产品,并责令进行清洗消毒;④做好信息发布工作,依法对食品安全事故及其处理情况进行发布,并对可能产生的危害加以解释、说明。发生食品安全事故需要启动应急预案的,县级以上人民政府应当立即成立事故处置指挥机构,启动应急预案,依照前款和应急预案的规定进行处置。发生食品安全事故,县级以上疾病预防控制机构应当对事故现场进行卫生处理,并对与事故有关的因素开展流行病学调查,有关部门应当予以协助。县级以上疾病预防控制机构应当向同级食品药品监督管理、卫生行政部门提交流行病学调查报告。

三、食品进口检验检疫法律制度

根据《食品安全法》第 92 条第 2 款的规定,进口的食品、食品添加剂应当经出入境检验检疫机构依照进出口商品检验相关法律、行政法规的规定检验合格。同时国家出入境检验检疫部门根据《食品安全法》对进口食品商实施信用管理,建立信用记录并向社会公布,对有不良记录者,加强对其进口食品的检验检疫。根据《食品安全法实施条例》第 36 条的规定,“进口食品的进口商应当持合同、发票、装箱单、提单等必要的凭证和相关批准文件,向海关报关地的出入境检验检疫机构报检。进口食品应当经出入境检验检疫机构检验合格。海关凭出入境检验检疫机构签发的通关证明放行”。而对尚无食品安全国家标准食品的进口,或者食品添加剂新品种、食品相关产品新品种的首次进口，“进口商应当向出入境检验检疫机构提交依照《食品安全法》第 63 条规定取得的许可证明文件，出入境检验检疫机构应当按照国务院卫生行政部门的要求进行检验”。[①] 这里的“许可证明文件”，实际上指“相关的安全性评估材料”。《食品安全法实施条例》第 41 条规定，“出入境检验检疫机构依照食品安全法第 62 条规定对进口食品实施检验，依照食品安全法第 68 条规定对出口食品实施监督、抽检，具体办法由国家出入境检验检疫部门制定”。[②]

四、食品进口备案和注册制度

《食品安全法》第 96 条规定，“向我国境内出口食品的境外出口商或者代理商、进口食品的进口商应当向国家出入境检验检疫部门备案。向我国境内出口食品的境外食品生产企业应当经国家出入境检验检疫部门注册。已经注册的境外食品生产企业提供虚假材料，或者因其自身的原因致使进口食品发生重大食品安全事故的，国家出入境检验检疫部门应当撤销注册并公告”。这里实际上包含食品进口备案和食品进口注册两种制度。

（一）食品进口备案制度

国家质检总局主管进口食品进出口商备案的监督管理工作，建立进口食品进出口商备案管理系统（以下简称“备案管理系统”），负责公布和调整进口食品进出口商备案名单。国家质检总局设在各地的出入境检验检疫机构（以下简称“检验检疫机构”）负责进口食品收货人备案申请的受理、备案资料信息审核，以及在食品进口时对进出口商备案信息的核查等工作。出口商或者代理商应当通过备案管理系统填写并提交备案申请表，提供出口商或者代理商名称，所在国家或者地区，地址，联系人姓名、电话，经营食品种类，填表人姓名、电话等信息，并承诺所提供信息真实有效。出口商或者代理商应当保证在发生紧急情况时可以通过备案信息与相关人员取得联系。出口商或者代理商提交备案信息后，获得备案管理系统生成的备案编号和查询编号，凭备案编号和查询编号查询备案进程或者修改备案信息。出口商或者代理商地址、电话等发生变化时，应当及时通过备案管理系统进行修

---

① 需要说明的是，这里根据的“第 63 条”指的是 2009 年通过的《中华人民共和国食品安全法》。

② 根据 2009 年《食品安全法》第 62 条的规定，“进口的食品、食品添加剂以及食品相关产品应当符合我国食品安全国家标准。进口的食品应当经出入境检验检疫机构检验合格后，海关凭出入境检验检疫机构签发的通关证明放行”，根据同法第 68 条规定，“出口的食品由出入境检验检疫机构进行监督、抽检，海关凭出入境检验检疫机构签发的通关证明放行。出口食品生产企业和出口食品原料种植、养殖场应当向国家出入境检验检疫部门备案”。

改。备案管理系统保存出口商或者代理商的所提交的信息以及信息修改情况。出口商或者代理商名称发生变化时,应当重新申请备案。国家质检总局对完整提供备案信息的出口商或者代理商予以备案。备案管理系统生成备案出口商或者代理商名单,并在国家质检总局网站公布。公布名单的信息包括:备案出口商或者代理商名称及所在国家或者地区。

(二)食品进口注册制度

根据国务院的授权,中华人民共和国国家认证认可监督管理局(以下简称"国家认证认可监督管理局")统一管理进口食品国外生产企业注册和监督管理工作。国家认证认可监督管理局负责制定、公布《实施企业注册的进口食品目录》(以下简称《目录》)。凡向中国输出《目录》内产品的国外生产企业,须向国家认证认可监督管理局申请注册。未获得注册的国外生产企业的食品,不得进口。

国外生产企业申请注册,应当向国家认证认可监督管理局提出正式书面申请,并提供以下资料。

(1)本国(地区)的动植物疫情,兽医卫生、公共卫生、植物保护和农药、兽药残留监控等方面的法律、法规;所在国家(地区)主管当局机构设置和人员情况以及法律法规执行等方面的书面资料。

(2)申请注册的国外生产企业名单。

(3)所在国家(地区)主管当局对被推荐企业的检疫、公共卫生实际情况的评审报告。

(4)所在国家(地区)主管当局关于企业符合中国法律、法规要求的承诺。

(5)企业的有关资料(厂区、车间、冷库的平面图,工艺流程图等)。

国家认证认可监督管理局组织专家对输出国家(地区)提供的上述资料进行审查。符合要求的,派出评审组对所推荐的国外生产企业进行实地评审并向国家认证认可监督管理局提交评审报告,经国家认证认可监督管理局批准后对符合条件的国外生产企业予以注册。已获得注册的国外生产企业必须在其所在国家(地区)主管当局的监督下,从事向中国输出食品的生产、加工和存放,在合格产品包装上标注国家认证认可监督管理局认可的注册编号。已获得注册的国外生产企业的产品在进口时,由出入境检验检疫机构依法实施检验检疫。已获得注册的国外生产企业的产品经检验检疫不合格时,依照中国的有关法律、法规的规定,予以退回、销毁或者作卫生除害处理,情节严重的吊销其注册资格。

进口食品国外生产企业注册编号专厂专用,不得将注册编号转让他人使用。若发现已获得注册的国外生产企业向中国输出非本企业产品或者将注册编号转让给其他企业的,国家认证认可监督管理局将吊销其注册资格。已获得注册的国外生产企业发生变更时,输出国家(地区)主管当局应当及时通知国家认证认可监督管理局。

五、食品进口标签制度

我国法律规定预包装食品的包装上应当有标签。标签应当标明下列事项:①名称、规格、净含量、生产日期;②成分或者配料表;③生产者的名称、地址、联系方式;④保质期;⑤产品标准代号;⑥贮存条件;⑦所使用的食品添加剂在国家标准中的通用名称;⑧生产许可证编号;⑨法律、法规或者食品安全标准规定应当标明的其他事项。食品经营者销售散装食品,应当在散装食品的容器、外包装上标明食品的名称、生产日期或者生产批号、保质期,以及生产经营者名称、地址、联系方式等内容。生产经营转基因食品应当按照规定显著标示。食品和食品添加剂的标签、说明书,不得含有虚假内容,不得涉及疾病预防、治疗功能。生产经营者对其提供的标签、说明书的内容负责。食品和食品添加剂的标签、说明书应当清楚、明显,生产日期、保质期等事项应当显著标注,容易辨识。食品和食品添加剂与其标签、说明书的内容不符的,不得上市销售。

食品经营者应当按照食品标签标示的警示标志、警示说明或者注意事项的要求销售食品。根据《食品安全法》第 97 条的规定,"进口的预包装食品、食品添加剂应当有中文标签;依法应当有说明书的,还应当有中文说明书。标签、说明书应当符合本法以及我国其他有关法律、行政法规的规定和食品安全国家标准的要求,并载明食品的原产地以及境内代理商的名称、地址、联系方式。预包装食品没有中文标签、中文说明书或者标签、说明书不符合本条规定的,不得进口"。

六、食品进口销售记录制度

这种制度实际上是一种进口食品溯源管理制度。《食品安全法》第 98 条规定,"进口商应当建立食品、食品添加剂进口和销售记录制度,如实记录食品、食品添加剂的名称、规格、数量、生产日期、生产或者进口批号、保质期、境外出口商和购货者名称、地址及联系方式、交货日期等内容,并保存相关凭证。记录和凭证保存期限应当符合本法第 50 条第 2 款的规定"。也就是记录和凭证保存期限不得少于产品保质期满后 6 个月;没有明确保质期的,保存期限不得少于 2 年。根据国家质量监督检验检疫总局 2012 年 4 月 5 日发布的《食品进口记录和销售记录管理规定》,食品进口及销售记录中(表 5-1、表 5-2)应包括进口食品的名称、品牌、规格、数量、重量、货值、生产批号、生产日期、保质期、原产地、输出国家或者地区、生产企业名称及在华注册号、出口商或者代理商备案编号、名称及联系方式、贸易合同号、进口口岸、目的地、根据需要出具的国(境)外官方或者官方授权机构出具的相关证书编号、报检单号、入境时间、存放地点、联系人及电话等内容。

表 5-1 食品进口记录表

收货人名称： 收货人备案编号：

进口日期	食品名称	品牌	规格	数量	重量	货值	生产批号	生产日期	保质期	原产地	输出国家（地区）	生产企业名称	生产企业在华注册号（如有）
出口商/代理商备案号	出口商/代理商名称	出口商/代理商联系方式	贸易合同号	进口口岸	目的地	国（境）外检验检疫证书等证书编号	报检单号	入境时间	存放地点	联系人及电话	备注		

填表人： 审核：

表 5-2 进口食品销售记录

收货人名称： 收货人备案编号：

销售日期	进口食品名称	规格	数量	重量	生产日期	生产批号	购货人/使用人名称	购货人/使用人地址及电话	出库单号	发票流水编号	食品召回后处理方式	备注

填表人： 审核：

除了上述两个表格之外，为了保护消费者，保证出入境检验检疫机构对食品进口记录和销售记录的监督管理，还建立有销售对象投诉及召回记录，该记录包括涉及的进口食品名称、规格、数量、重量、生产日期、生产批号，召回或者销售对象投诉原因，自查分析、应急处理方式，后续改进措施等信息。发现进口食品不符合我国食品安全国家标准或者有证据证明可能危害人体健康的，进口商应当立即停止进口，并依照《食品安全法》第 63 条的规定召回。[①] 如表 5–3 所示。

表 5–3 进口食品销售对象投诉及召回记录

编号：

日期				
进口食品名称				
召回或者销售对象投诉原因				
涉及产品生产批号	生产日期	规格	数量	重量
自查分析				
应急处理方式				
后续改进措施				
部门负责人签名		企业负责人签名		
备注				

七、境外出口商、境外生产企业审核制度

《食品安全法》第 94 条规定，“境外出口商、境外生产企业应当保证向我国出口的食品、食品添加剂、食品相关产品符合本法以及我国其他有关法律、行政法规

---

① 《食品安全法》第 63 条规定：“国家建立食品召回制度。食品生产者发现其生产的食品不符合食品安全标准或者有证据证明可能危害人体健康的，应当立即停止生产，召回已经上市销售的食品，通知相关生产经营者和消费者，并记录召回和通知情况。食品经营者发现其经营的食品有前款规定情形的，应当立即停止经营，通知相关生产经营者和消费者，并记录停止经营和通知情况。食品生产者认为应当召回的，应当立即召回。由于食品经营者的原因造成其经营的食品有前款规定情形的，食品经营者应当召回。食品生产经营者应当对召回的食品采取无害化处理、销毁等措施，防止其再次流入市场。但是，对因标签、标志或者说明书不符合食品安全标准而被召回的食品，食品生产者在采取补救措施且能保证食品安全的情况下可以继续销售；销售时应当向消费者明示补救措施。食品生产经营者应当将食品召回和处理情况向所在地县级人民政府食品药品监督管理部门报告；需要对召回的食品进行无害化处理、销毁的，应当提前报告时间、地点。食品药品监督管理部门认为必要的，可以实施现场监督。食品生产经营者未依照本条规定召回或者停止经营的，县级以上人民政府食品药品监督管理部门可以责令其召回或者停止经营。”

的规定和食品安全国家标准的要求，并对标签、说明书的内容负责。进口商应当建立境外出口商、境外生产企业审核制度，重点审核前款规定的内容；审核不合格的，不得进口”。为此，国家质量监督检验检疫总局还在2012年4月发布了《进口食品进出口商备案管理规定》，其中规定，国家质量监督检验检疫总局设在各地的出入境检验检疫机构负责进口食品收货人备案申请的受理、备案资料信息审核，以及在食品进口时对进出口商备案信息的核查等工作。出口商或者代理商备案申请表如表5-4所示。

表5-4 出口商或者代理商备案申请表

Application Form of Food Exporter/Agent

□初次申请备案 Initial Filing	
第1项——企业信息 Section 1-Applicant's Information	
∗企业名称(中英文)Name (in Chinese and English)	
∗企业地址(中英文)Address(in Chinese and English)	
∗企业类型 Company Type:□出口商 Exporter □代理商 Agent	
∗国家(地区)Country/Region:	∗邮政编码 Postal Code
∗联系人姓名 Contact Name:	
∗联系人电话/传真(请注明国家/地区代码及区域码)或者手机 Contact Telephone/Fax (Include Area/Country/Region Code) or Cell Phone:	
∗联系人电子邮件信箱 Contact E-mail:	
∗第2项——经营食品种类(多选项)Section 2-Food Category of Operation	
□肉类 meat □蛋及制品类 egg and egg products □水产及制品类 aquatic products and preserved aquatic products □中药材类 traditional Chinese medicinal materials of animal and plant origin □粮谷及制品类 grains and grain products □油脂及油料类 oil and oil seeds □饮料类 soft drinks and drinking water	

续表 5-4

□糖类 sugar □蔬菜及制品类 vegetable and vegetable products □植物性调料类 processed flavorings of plant origin □干坚果类 dried fruits and nuts □其他植物源性食品类 other plant origin foods □罐头类 canned foods □乳制品类 dairy products □蜂产品类 bee products □酒类 alcoholic beverage □糕点饼干类 pastry biscuits and crackers □蜜饯类 candied (preserved) fruits □卷烟类 cigarette □茶叶类 tea □调味品类 processed flavorings □其他加工食品类 other processed foods □特殊食品类 foods for special dietary uses □其他,请描述 others, please describe
第 3 项——中国贸易伙伴信息 Section 3-Information of the Chinese Trade Partner to be contracted with:
企业名称(中文)Name (in Chinese):
企业地址(中文)Address (in Chinese):
联系人 Contact person:
电话/传真 Telephone/Fax:
电子邮件信箱 E-mail:
第 4 项——承诺书 Section 4-letter of commitment
兹承诺:上述资料信息准确、真实。I hereby commits: The information we submit is authentic and accurate.
* 填表人姓名(印刷体)Contractor name (in printing version):
* 填表人电话/传真或者手机 Contractor's office Telephone/Fax or cell phone:
* 填表人电子邮件信箱 Contractor's E-mail Address:
* 填表日期 Date of submitting this form:
第 5 项——填表说明 Section 5-Note
标"*"的项目必须填写。The above items with mark * must be effectively filled in.

八、出口食品产地检验制度

《食品安全法》第91条规定:“国家出入境检验检疫部门对进出口食品安全实施监督管理。”第96条规定:“向我国境内出口食品的境外出口商或者代理商、进口食品的进口商应当向国家出入境检验检疫部门备案。向我国境内出口食品的境外食品生产企业应当经国家出入境检验检疫部门注册。已经注册的境外食品生产企业提供虚假材料,或者因其自身的原因致使进口食品发生重大食品安全事故的,国家出入境检验检疫部门应当撤销注册并公告。国家出入境检验检疫部门应当定期公布已经备案的境外出口商、代理商、进口商和已经注册的境外食品生产企业名单。”第99条第1款规定:“出口食品生产企业应当保证其出口食品符合进口国(地区)的标准或者合同要求。”国家质量监督检验检疫总局依据中国法律法规规定对向中国出口食品的国家或者地区的食品安全管理体系和食品安全状况进行评估,并根据进口食品安全监督管理需要进行回顾性审查。国家质量监督检验检疫总局依据中国法律法规规定、食品安全国家标准要求、国内外疫情疫病和有毒有害物质风险分析结果,结合前款规定的评估和审查结果,确定相应的检验检疫要求。进口食品应当符合中国食品安全国家标准和相关检验检疫要求。食品安全国家标准公布前,按照现行食用农产品质量安全标准、食品卫生标准、食品质量标准和有关食品的行业标准中强制执行的标准实施检验。首次进口尚无食品安全国家标准的食品,进口商应当向检验检疫机构提交国务院卫生行政部门出具的许可证明文件,检验检疫机构应当按照国务院卫生行政部门的要求进行检验。检验检疫机构应当对标签内容是否符合法律法规和食品安全国家标准要求以及与质量有关内容的真实性、准确性进行检验,包括格式版面检验和标签标注内容的符合性检测。进口食品标签、说明书中强调获奖、获证、产区及其他内容的,或者强调含有特殊成分的,应当提供相应证明材料。进口食品在取得检验检疫合格证明之前,应当存放在检验检疫机构指定或者认可的监管场所,未经检验检疫机构许可,任何单位和个人不得动用。进口食品经检验检疫合格的,由检验检疫机构出具合格证明,准予销售、使用。检验检疫机构出具的合格证明应当逐一列明货物品名、品牌、原产国(地区)、规格、数/重量、生产日期(批号),没有品牌、规格的,应当标明“无”。进口食品经检验检疫不合格的,由检验检疫机构出具不合格证明。涉及安全、健康、环境保护项目不合格的,由检验检疫机构责令当事人销毁,或者出具退货处理通知单,由进口商办理退运手续。其他项目不合格的,可以在检验检疫机构的监督下进行技术处理,经重新检验合格后,方可销售、使用。

九、出口食品备案制度

《食品安全法》第 99 条第 2 款规定："出口食品生产企业和出口食品原料种植、养殖场应当向国家出入境检验检疫部门备案。"国家质量监督检验检疫总局主管全国出口食品生产企业备案工作。国家认证认可监督管理委员会（以下简称"国家认监委"）负责统一组织实施全国出口食品生产企业备案管理工作。国家质检总局设在各地的出入境检验检疫部门具体实施所辖区域内出口食品生产企业备案和监督检查工作。出口食品生产企业应当建立和实施以危害分析和预防控制措施为核心的食品安全卫生控制体系，该体系还应当包括食品防护计划。出口食品生产企业应当保证食品安全卫生控制体系有效运行，确保出口食品生产、加工、储存过程持续符合我国相关法律法规和出口食品生产企业安全卫生要求，以及进口国（地区）相关法律法规要求。

出口食品生产企业备案时，应当提交书面申请和以下相关文件、证明性材料，并对其备案材料的真实性负责。

（1）营业执照、组织机构代码证、法定代表人或者授权负责人的身份证明。

（2）企业承诺符合出口食品生产企业卫生要求和进口国（地区）要求的自我声明和自查报告。

（3）企业生产条件（厂区平面图、车间平面图）、产品生产加工工艺、关键加工环节等信息、食品原辅料和食品添加剂使用，以及企业卫生质量管理人员和专业技术人员资质等基本情况。

（4）建立和实施食品安全卫生控制体系的基本情况。

（5）依法应当取得食品生产许可以及其他行政许可的，提供相关许可证照。

（6）其他通过认证以及企业内部实验室资质等有关情况。

直属检验检疫机构应当自出口食品生产企业申请备案之日起 5 日内，对出口食品生产企业提交的备案材料进行初步审查，材料齐全并符合法定形式的，予以受理；材料不齐全或者不符合法定形式的，应当一次告知出口食品生产企业需要补正的全部内容。为便利企业出口，直属检验检疫机构可以根据工作需要，委托其分支机构受理备案申请并组织实施评审工作。直属检验检疫机构自受理备案申请之日起 10 日内，组成评审组，对出口食品生产企业提交的备案材料的符合性情况进行文件审核。需要对出口食品生产企业实施现场检查的，应当在 30 日内完成。因企业自身原因导致无法按时完成文件审核和现场检查的，延长时间不计算在规定时限内。从事评审的人员应当经国家认监委或者直属检验检疫机构考核合格。

十、出口食品信息通报制度

《食品安全法》第100条规定:"国家出入境检验检疫部门应当收集、汇总下列进出口食品安全信息,并及时通报相关部门、机构和企业:出入境检验检疫机构对进出口食品实施检验检疫发现的食品安全信息;食品行业协会和消费者协会等组织、消费者反映的进口食品安全信息;国际组织、境外政府机构发布的风险预警信息及其他食品安全信息,以及境外食品行业协会等组织、消费者反映的食品安全信息;其他食品安全信息。国家出入境检验检疫部门应当对进出口食品的进口商、出口商和出口食品生产企业实施信用管理,建立信用记录,并依法向社会公布。对有不良记录的进口商、出口商和出口食品生产企业,应当加强对其进出口食品的检验检疫"。国家质量监督检验检疫总局对进出口食品实施风险预警制度。进出口食品中发现严重食品安全问题或者疫情的,以及境内外发生食品安全事件或者疫情可能影响到进出口食品安全的,国家质量监督检验检疫总局和检验检疫机构应当及时采取风险预警及控制措施。

国家质量监督检验检疫总局和检验检疫机构应当建立进出口食品安全信息收集网络,收集和整理食品安全信息,主要包括:①检验检疫机构对进出口食品实施检验检疫发现的食品安全信息;②行业协会、消费者反映的进口食品安全信息;③国际组织、境外政府机构发布的食品安全信息、风险预警信息,以及境外行业协会等组织、消费者反映的食品安全信息;④其他食品安全信息。国家质量监督检验检疫总局可以参照国际通行做法,对不确定的风险直接发布风险预警通报或者风险预警通告。进出口食品安全风险已不存在或者已降低到可接受的程度时,应当及时解除风险预警通报和风险预警通告及控制措施。进口食品存在安全问题,已经或者可能对人体健康和生命安全造成损害的,进口食品进口商应当主动召回并向所在地检验检疫机构报告。进口食品进口商应当向社会公布有关信息,通知销售者停止销售,告知消费者停止使用,做好召回食品情况记录。检验检疫机构接到报告后应当组织核查,根据产品影响范围按照规定上报。进口食品进口商不主动实施召回的,由直属检验检疫局向其发出责令召回通知书并报告国家质量监督检验检疫总局。必要时,国家质量监督检验检疫总局可以责令其召回。国家质量监督检验检疫总局可以发布风险预警通报或者风险预警通告,并采取以下控制措施:①有条件地限制进出口,包括严密监控、加严检验、责令召回等;②禁止进出口,就地销毁或者作退运处理;③启动进出口食品安全应急处置预案。

第六章

食品安全风险控制制度

食品安全风险是指由食品中的危害物产生的不良作用，包括不良作用产生的可能性及强度。它主要涉及物理、化学和生物这三个能够影响到人体健康的危害类型，然而这三种危害类型对人体所造成的危害程度和危害过程也各不相同。[①]我国现行相关法律下，将食品安全风险控制制度细化为食品安全风险监测制度、食品安全风险评估制度和食品安全风险交流制度。

第一节　食品安全风险监测制度

一、食品安全风险监测制度的一般规定

食品安全风险监测，是指通过系统地、持续地对食品污染、食品中有害因素，以及影响食品安全的其他因素进行样品采集、检验、结果分析，及早发现食品安全问题，为食品安全风险研判和处置提供依据的活动。它具有系统性和持续性的两大特点。

《食品安全法》第14条规定："国家建立食品安全风险监测制度，对食源性疾病、食品污染以及食品中的有害因素进行监测。国务院卫生行政部门会同国务院食品安全监督管理、质量监督等部门，制定、实施国家食品安全风险监测计划。"本款条文明确规定了关于实施食品安全风险监测的相关主体，而对于这些主体的具体规定，我国在《食品安全风险监测管理规范（试行）》第四条规定："食品药品监督

① 赵燕滔：《食品安全风险分析初探》，载《食品研究与开发》2006年第27卷第11期，第226-228页。

总局组织开展本系统食品安全风险监测工作，指导督促省级食品药品监督部门以及风险监测技术机构相关工作。食品药品监督总局在指定的机构设立食品安全风险监测工作秘书处（以下简称秘书处），承担风险监测数据汇总、分析等日常事务性工作。省级食品药品监管部门按照要求组织完成食品药品监管总局部署的风险监测工作任务，并负责组织对风险监测发现的问题样品进行调查核实、处置和结果报告。”本规范的第五条规定：“根据食品安全风险监测工作需要，加强食品安全风险监测能力建设，建立健全食品安全风险监测网络体系。”有关食品安全风险监测的工作经费严格按照国家有关财经法规制度和食品药品监督总局专项资金管理办法执行。

食品药品监管局应当根据职责规定，结合食品安全监管工作的需要，组织制订食品安全风险监测计划。省级食品药品监管部门和承担食品药品监管总局食品安全风险监测工作任务的食品检验机构（以下简称“承检机构”）应提出制订食品安全风险监测计划的建议。《食品安全风险监测管理规范（试行）》第9条规定：“食品安全风险监测计划的制订应遵循高风险食品监测优先选择原则，以下情况应作为优先考虑的因素：（一）健康危害较大、风险程度较高以及污染水平、问题检出率呈上升趋势的；（二）易对婴幼儿等特殊人群造成健康影响的；（三）流通范围广、消费量大的；（四）在国内发生过食品安全事故或社会关注度较高的；（五）已列入《食品中可能违法添加的非食用物质和易滥用的食品添加剂品种名单》的；（六）已在国外发生的食品安全问题并有证据表明可能在国内存在的。”食品药品监管总局应根据日常监管、有关部门通报的食品安全风险信息及其他风险信息，对食品安全风险监测计划内容进行调整，并根据需要组织开展应急监测和专项监测。实施食品安全风险监测计划应规定检验方法。对没有检验方法的，要组织有关机构研究建立，并按相关要求进行方法验证后作为指定的检验方法。

食品药品监管局根据《食品安全风险监测承检机构管理规定（试行）》和风险监测工作需要确定承检机构。而对于承检机构的要求，我国《食品安全风险监测承检机构管理规定（试行）》中第2条规定：“承检机构应符合以下条件：（一）拥有完善的实验室质量管理体系，具备食品检验机构资质认定条件和按照规范进行检验的能力，原则上应当按照有关认证认可的规定取得资质认定（非常规的风险监测项目除外）；（二）具有符合承担食品安全风险监测工作任务所需的人员、仪器设备、实验室环境设施、安全有效的信息管理体系；（三）具备与承担的食品安全风险监测任务相关的产品品种、检验项目、样品数量相适应的采样、检验能力；（四）检验活动中无重大差错，能够保证检验结果质量，参加与检验任务相关的能力验证并取得满意结果。”除此之外，承检机构应当明确食品安全风险监测工作的分管领导，承担任务的部门、岗位职责，并具有相应的食品安全风险监测工作及经费使用等制度。

《食品安全法》第15条规定：“承担食品安全风险监测工作的技术机构应当根

据食品安全风险监测计划和监测方案开展监测工作，保证监测数据真实、准确，并按照食品安全风险监测计划和监测方案的要求报送监测数据和分析结果。食品安全风险监测工作人员有权进入相关食用农产品种植养殖、食品生产经营场所采集样品、收集相关数据。采集样品应当按照市场价格支付费用。”《食品安全风险监测管理规范（试行）》第 14 条规定：“食品安全风险监测承检机构应安排专职人员按照食品安全风险监测计划和《食品安全风险监测样品采集技术要求》开展采样工作。必要时当地食品药品监管部门应给予协助。”本规范的第 15 条中也规定：“食品安全风险监测承检机构应按照食品安全风险监测计划规定的检验方法进行检测，监测数据应准确、可靠，并按要求通过食品药品监管总局指定的信息系统及时报送。”承检机构和省级食品药品监管部门应按照《食品安全风险监测问题样品信息报告和核查处置规定（试行）》要求进行问题样品报告及核查处置工作。秘书处应当对承检机构报送的监测数据进行汇总和分析，定期提交风险监测分析报告。以上条文都详细规定了食品安全风险监测技术承检机构的相关权利和义务。

《食品安全风险监测管理规范（试行）》第 18 条规定：“食品药品监管总局建立食品安全风险分析研判工作例会制度，定期或不定期组织省级食品药品监管部门、风险监测承检机构和相关专家，开展食品安全风险监测结果的综合分析研判，提出监管重点建议。”而且食品药品监管总局应当对风险监测中发现可能存在的区域性、系统性食品安全苗头性问题，要及时通报有关省级食品安全委员会办公室；涉及农业、质检等部门的，及时向相关部门通报。另外还要定期或不定期组织对省级食品安全风险监测工作的督促指导，并组织对食品安全风险监测承检机构的考核和人员培训。食品安全风险监测的结果如果可以表明可能存在食品安全隐患的，县级以上人民政府卫生行政部门应当及时将相关信息通报同级食品药品监督管理等部门，并报告本级人民政府和上级人民政府卫生行政部门。食品药品监督管理等部门应当组织开展进一步调查。

二、食品安全风险监测的对象与职责

食品安全风险监测主要有三项内容：一是食源性疾病，包括常见的食物中毒、人畜共患传染病、肠道传染病、寄生虫病等。食源性疾病的发病率居各类疾病总发病率的前列，是全球最突出的食品安全和公共卫生问题。二是食品污染，分为生物性污染和化学性污染两大类。生物性污染是指有害细菌、真菌、病毒以及寄生虫对食品造成的污染；化学性污染是由有害有毒的化学物质对食品造成的污染。三是食品中的有害因素，主要包括食品污染物、食品添加剂、食品中天然存在的有害物质，以及食品加工、保存过程中产生的有害物质。

食品安全风险监测的职责主要是发现食品中的安全风险，确认不安全食品和风险因子。监测项目主要包括致病性微生物、农药残留、兽药残留、重金属、过敏原物质以及其他危害人体健康的物质，重点针对婴幼或儿童食品、消费者关注或反映问题较多的食品，以及使用范围广、消费量大的食品。通过对这些食品进行系统、持续的监测，找出其中带有共性和突出性的规律，为制定食品安全标准及其他相关政策提供依据。①

三、食品安全风险监测的目标

食品安全风险监测是一项为了了解和掌握食品安全状况，对食品安全水平进行检验、分析、评价和公告而开展的活动。其主要目的不是针对某一个执法，而是为了掌握较为全面的食品安全现状，以便有针对性地对食品安全进行监管，并将监测与风险评估的结果作为制定食品安全标准、确定检查对象和检查频率的科学依据。

我国食品行政部门的领导高度重视食品安全风险监测工作，并多次做出具体指示，提出建立先发制人的食品安全监控机制，要主动进行污染物监测、食源性疾病监测，主动发布有害物质黑名单信息，主动进行准确的风险识别和评估并及时发布权威的信息。根据国家有关指示，结合已有的工作基础及现状，我国的食品安全风险监测目标如下。

1. 全国食品污染物监测能力的提高

近年内，建立起以中国疾病预防控制中心为平台，以省级疾病预防控制中心为补充，覆盖全国各市县并逐步扩展到农村的食品安全风险监测网络。将监测和信息收集工作延伸到食品生产、流通和消费的各个环节，开展污染源的追踪调查，对高风险食品原料、配料和食品添加剂开展主动监测。制订国家食品安全风险监测计划和省级食品安全风险监测方案，通过系统性监测，努力将系统性风险遏制在萌芽状态。

2. 食源性疾病监测能力的加强

食源性疾病监测能力的加强具体包括：各医疗机构、疾病预防控制机构的疾病报告网络中的食源性疾病信息以及全国食物中毒报告信息的整合，食源性疾病监测数据的分析汇总，以及我国食源性疾病的监测、报告和预警体系的建立。在进行食源性疾病致病因素监测的基础上开展风险监测，通过医疗机构和疾病预防控制中心的互动关系，可以及时捕获早期食源性疾病信息，实现主动收集、分析食品中已知和未知污染物以及其他有害因素的检测、检验和流行病学信息，并通过全国传染病与突发公共卫生事件网络系统报告，及时发现和通报食品安全隐患，做到早发

---

① 《食品安全风险监测管理规定（试行）》，载《中国卫生监督杂志》2010 年第 22 卷第 1 期，第 108-109 页。

现、早评估、早预防、早控制,减少食品污染和食源性疾病的危害。

3. 食品安全风险监测体系的建立

尽快组织起国家食品安全风险监测中心,并将其作为实施食品安全风险监测制度的具体承担机构,争取早日搭建起与国际接轨的我国食品安全风险监测技术平台,是建立有效食品安全风险监测体系的主要目标。

第二节 食品安全风险评估制度

食品安全风险评估是指科学地对特定食品安全危害可能产生的后果及不确定性进行评价的过程。① 我国《食品安全法》规定,食品安全风险评估结果是制定、修订食品安全标准和对食品安全实施监督管理的科学依据。食品安全风险评估是一个多学科性工作,也是一项技术性和科学性很强的学术研究工作,因此对这项制度进行法律方面的研究也就具有很大的现实意义。

一、食品安全风险评估的组织机构

(一)食品安全风险评估的监管机构

《食品安全法》第17条规定:"国家建立食品安全风险评估制度,运用科学方法,根据食品安全风险监测信息、科学数据以及有关信息,对食品、食品添加剂、食品相关产品中生物性、化学性和物理性危害因素进行风险评估。国务院卫生行政部门负责组织食品安全风险评估工作,成立由医学、农业、食品、营养、生物、环境等方面的专家组成的食品安全风险评估专家委员会进行食品安全风险评估。食品安全风险评估结果由国务院卫生行政部门公布。对农药、肥料、兽药、饲料和饲料添加剂等的安全性评估,应当有食品安全风险评估专家委员会的专家参加。食品安全风险评估不得向生产经营者收取费用,采集样品应当按照市场价格支付费用。"

《食品安全法》第18条规定:"有下列情形之一的,应当进行食品安全风险评估:通过食品安全风险监测或者接到举报发现食品、食品添加剂、食品相关产品可能存在安全隐患的;为制定或者修订食品安全国家标准提供科学依据需要进行风险评估的;为确定监督管理的重点领域、重点品种需要进行风险评估的;发现新的可能危害食品安全因素的;需要判断某一因素是否构成食品安全隐患的;国务院卫生行政部门认为需要进行风险评估的其他情形。"

① 盛凤杰,曹慧晶,李旭:《浅谈我国食品安全风险评估制度的完善》,载《法制与社会》2009年第8(中)期,第68页。

因此,按照相关法律规定,食品安全风险评估工作由国务院卫生行政部门负责,农业行政部门则负责农产品安全风险评估工作;国务院卫生行政部门和农业行政部门在出现上述第 18 条规定的 6 种情况时,必须组织进行检验和食品安全风险评估;国务院卫生行政部门有向国务院相关部门及农业相关部门通报食品安全风险评估的结果和义务;仅有国务院卫生行政部门有权进行食品安全风险的监管,地方卫生行政部门不具备此项职能,这与食品安全风险监测不同。

(二)食品安全风险评估的监管协同机构

根据我国《食品安全法》第 19 条和第 21 条的相关规定,国务院农业行政、质量监督和国家食品药品监督管理机构等行政部门属于国务院食品安全风险评估的相关机构,它们有权向国务院卫生行政部门提出食品安全风险评估的建议,并提供有关信息和资料,农业行政部门主管农业风险评估方面;当食品安全风险评估结果得出食品不安全的结论时,他们应在各自主管的范围内采取措施,确保该食品停止生产经营,并告知消费者停止食用;国务院卫生行政部门具有食品安全国家标准的制定和修改权;县级以上地方相关部门有义务协助收集前款规定的食品安全风险评估信息和资料;食品安全风险评估相关机构不包括商务部门和工信部门。

(三)食品安全风险评估专家委员会

《食品安全风险评估管理规定(试行)》第 4 条规定:“卫生部确定的食品安全风险评估技术机构负责承担食品安全风险评估相关科学数据。技术信息、检验结果的收集、处理、分析等任务。食品安全风险评估技术机构开展与风险评估相关工作,接受国家食品安全风险评估专家委员会的委托和指导。”因此,按照上述法条及相关法律规定,在食品安全风险评估过程中可以将风险评估相关科学数据、技术信息、检验结果的收集、处理和分析工作交由食品安全风险评估技术辅助机构来完成,这些机构由卫生行政部门对其进行认定和资格管理,食品安全风险评估专家委员会只承担技术有关的指导工作。

2009 年 12 月 13 日,我国卫生行政部门组建了第一届国家食品安全风险评估专家委员会,其主要职责是:承担国家食品安全风险评估工作,参与制订与食品安全风险评估相关的监测和评估计划,拟定国家食品安全风险评估的技术规则,解释食品安全风险评估结果,开展食品安全风险评估交流,并承担卫生行政部门委托的其他风险评估相关任务。

食品安全风险评估是一种系统地组织相关技术信息及方法用以回答有关健康风险的特定问题的过程,实践中要求其对相关信息进行整合,并根据信息做出推论。它是整个风险分析体系的核心和基础,是当前国际公认的各国政府制定食品安全政策法规和标准、解决国际食品贸易争端的重要措施。食品安全风险评估的开展应当以科学理论为基础。

二、食品安全风险评估的程序

一个完整的风险评估过程应当由危害识别、危害描述、暴露评估以及风险描述四个方面的内容所构成,可概括为三个问题:存在什么问题(危害的识别和确定),问题出现的可能性(危害描述和暴露评估),问题的严重性(风险描述)。四个方面的具体工作内容如下。①

(一)危害识别

危害识别主要是指要确定某种物质的毒性(产生的不良后果),在可能时对这种物质导致不良效果的固有性质进行鉴定。通常按照下列顺序对不同的研究结果给予不同的重视:流行病学研究、动物毒理学研究、体外试验和定量的结构活性关系。实际工作中,由于流行病学的数据往往难以获得,因此,动物试验的数据往往是危害识别的主要依据。动物试验的主要目的在于确定无可见作用剂量水平(NOEL)、无可见不良作用剂量水平(NOAEL)或者临界测量。通过体外实验可以作为补充增加对危害作用机制的了解,但不能作为预测对人体危害性的唯一信息来源。通过定量的结构—反应关系研究,对于同一类化学物质,可以根据一种或多种化合物已知的毒理学资料,采用毒物当量的方法来预测其他化合物的危害。

(二)危害描述

危害描述是定量风险评估的开始,其核心是剂量—反应关系的评估。其主要内容是研究剂量—反应关系,是定性或定量地评价危害对健康产生副作用及其性质的过程,对由剂量—反应或已有资料确定的危害从生物学、毒理学、剂量反应关系进行审慎的阐释。通常该过程需要把动物实验中研究数据外推到一般人群,计算 ADI 值(每日允许摄取量)或暂定每日耐受摄入量,当前普遍采用的外推方法分为两类,即安全系数法和数学模型法。安全系数法用来估计不致病上限,即可接受的暴露量,即以最敏感实验动物种类表现出的最敏感毒理学效应。但是,这一方法不适用于遗传毒性致癌物,因为此类化学物没有阈值,不存在一个没有致癌危险性的低摄入量。

(三)暴露评估

暴露(摄入量)评估是对人体接触化学物进行定性和定量评估,确定某一物质进入机体的途径、范围和速率,用以估计人群对环境暴露物质的浓度和剂量。摄入量因文化、经济、生活习惯等因素而不同,因此任何一个国家或地区都需要进行摄

---

① 韦宁凯:《食品安全风险监测和风险评估》,载《铜陵职业技术学院学报》2009 年第 2 期,第 32-36 页。

入量评估。无论是制定国家食品标准,或是参与制定国际食品标准,乃至解决国际食品贸易争端,都必须有本国的摄入量数据。因此,如果没有摄入量数据,所制定的ADI或PTWI都没有意义。摄入量评估所需的基本数据为食品中化学物或微生物的含量及食品消费量,具体方法有总膳食(total diet study)法和双份饭(duplicate plate)法等。总膳食研究将某一国家或地区的食品进行聚类,按当地菜谱进行烹调成为能够直接入口的样品,通过化学分析获得整个人群的膳食摄入量;而双份饭研究则对个别污染物摄入量的变异研究更加有效。

(四)风险描述

风险描述,是就暴露因素对人群产生健康不良效果的可能性进行估计,是危害确定、危害描述和暴露评估的综合结果,是整个风险评估的核心步骤。风险描述除对发生副作用的可能性及其严重性进行定量、定性描述,也对评估本身相关的不确定性进行描述。对有阈值的危害因素进行风险描述,可以采取直接比较方法,如将人群的风险与ADI值比较,如果摄入量低于ADI值,则对人体健康产生的不良作用的可能性可忽略不计,反之,则必须降低摄入量;对没有阈值的,则要对摄入量和危害强度进行综合考虑,计算人群危险性评价其是否可以接受(不构成危险)或不可以接受(构成危险)。风险描述需要说明风险评估过程中每一步所涉及的不确定性。

三、食品安全风险评估的应用

(一)在制定、修订食品安全标准中的应用

世界贸易组织(WTO)SPS协定第5条规定:“各国需根据风险评估结果,确定本国适当的卫生措施及保护水平,各国不得主观、武断地以保护本国国民健康为理由而设立过于严格的卫生措施,从而阻碍贸易公平进行。”CAC(国际食品法典委员会)2002年制定的《微生物风险评估在食品安全标准及相关文件中应用和指南》《食品中化学物暴露评估指南》,为食品中微生物和化学暴露评估提供了方法和准则。食品添加剂及污染物法典委员会(CCFAC)、农药残留法典委员会(CCPR)在其标准制定过程中也积极开展了风险评估的应用。CAC与CCFAC、JECFA及JMPR合作进行添加剂污染物和农药残留的风险评估,CCFAC根据其评估结果进行标准制定,保证了标准的科学合理。

(二)在食品安全监督管理中的应用

食品安全风险评估的应用,保障了食品安全政策的科学性、高效性、客观性及公平性。风险分析涉及科研、政府、消费者、企业以及媒体等有关各方面,即学术界进行风险评估,政府在评估的基础上倾听各方意见,权衡各种影响因素并最终提出风险管理的决策,整个过程中应贯穿学术界、政府与消费者组织、企业和媒体等信

息交流，它们相互关联而又相互独立，各方工作者有机结合，避免了过去部门割据造成主观片面的决策形成，从而在共同努力下促成食品安全管理体系的完善和发展。

（三）在建立食品安全预警体系中的应用

CAC认为预警机制是风险分析的一个重要组成部分。在处理危机事件时，可通过风险评估工作识别危害；通过风险交流工作与各种利益相关方取得沟通；通过风险管理工作而采取相应安全措施，能够将损失控制在最小范围，同时也不会引起民众的恐慌。SPS协定条款允许成员国在紧急和缺乏足够科学依据的情况下，可采取临时性措施，即所谓“预警”（precaution）措施。欧盟委员会建立了在欧盟框架内（EC/178/2002）的食品与饲料快速预警系统（RASFF），使成员国在人类健康风险发生或存在潜在风险时互通消息，快速预警，以便采取相应的统一行动。在我国，经食品安全风险评估，如果最后的结论是食品、食品添加剂、食品等相关产品并不安全，国务院食品药品监督管理、质量监督等部门应当依据各自职责，立即履行向社会公告的义务，同时必须告知消费者停止食用或者使用，并必须确保该食品、食品添加剂、食品等相关产品停止生产经营。

（四）在建立食品质量控制体系中的应用

20世纪90年代以来，世界各国不少食品企业纷纷建立HACCP管理体系，HACCP系统的建立包括7个步骤，即危害分析、关键控制点确定、每个关键控制点的关键限值确定、每个关键控制点控制系统监控的确定、纠偏措施的建立、审核程序的建立和有效文件记录保存程序的确定。其中，前3个步骤是建立在科学风险评估的基础之上，HACCP融合了风险评估和风险管理的基本原理。

（五）在食品安全立法中的应用

近年来，许多国家逐步以食品安全的综合立法替代要素立法，以综合型的食品安全法逐步替代要素型的立法成为各国构建本国食品安全立法体系的普遍做法。各国政府在加大建立食品安全立法体系的力度同时，还大力加强与食品安全监管有关的机构设置。在风险评估机构的建立上，西方国家新设立了专门的食品安全风险评估机构，为政府食品安全标准制定和风险性管理提供科学依据。我国在制定《食品安全法》和构建相关监管体系的过程中，受到了国际食品安全立法方面的影响，同时，也吸收借鉴了其中相关的规定，食品立法和食品安全监控机构的变化，体现了一种指导思想的变化。

四、现行我国食品安全风险评估中的有关制度

（一）食品安全风险评估通报制度

我国《食品安全法》第19条规定：“国务院食品安全监督管理、质量监督、农业

行政等部门在监督管理工作中发现需要进行食品安全风险评估的，应当向国务院卫生行政部门提出食品安全风险评估的建议，并提供风险来源、相关检验数据和结论等信息、资料。属于本法第十八条规定情形的，国务院卫生行政部门应当及时进行食品安全风险评估，并向国务院有关部门通报批评结果。”同时《食品安全法》第20条规定：“省级以上人民政府卫生行政、农业行政部门应当及时相互通报食品、食用农产品安全风险监测信息。国务院卫生行政、农业行政部门应当及时相互通报食品、食用农产品安全风险评估结果等信息。”

（二）食品安全风险评估预警制度

《食品安全法》第21条规定：“食品安全风险评估结果是制定、修订食品安全标准和实施食品安全监督管理的科学依据。经食品安全风险评估，得出食品、食品添加剂、食品相关产品不安全结论的，国务院食品药品监督管理、质量监督等部门应当依据各自职责立即向社会公告，告知消费者停止食用或者使用，并采取相应措施，确保该食品、食品添加剂、食品相关产品停止生产经营；需要制定、修订相关食品安全国家标准的，国务院卫生行政部门应当会同国务院食品药品监督管理部门立即制定、修订。”而本法的第22条则同样规定：“国务院食品安全监督管理部门应当会同国务院有关部门，根据食品安全风险评估结果、食品安全监督管理信息，对食品安全状况进行综合分析。对经综合分析表明可能具有较高程度安全风险的食品，国务院食品药品监督管理部门应当及时提出食品安全风险警示，并向社会公布。”

五、针对我国食品安全风险评估实施现状的建议

由于我国的食品安全风险评估制度存在不够规范、不够严密的缺陷，因此需要不断对其加以完善，以适应新形势的需要，应对出现的食品安全问题。据此提出以下几点建议。

（一）加强食品安全风险评估标准的研究，完善风险评估制度

进行食品安全风险评估时，制定合理、科学的食品安全风险评估标准是解决食品安全问题的关键。因此，我们需要及时而适宜地对食品安全事件开展危险性评价，以便为国际和国家标准以及国家法律法规的制定提供依据。同时，注意在全国范围内收集食源性疾病和食品中有毒化学物质、致病菌污染的数据资料，并及时获取来自其他国家的危险性评价资料，迅速就食源性疾病食品中有毒化学物质和致病菌的污染以及微生物学危险性评价技术及数据与其他国家之间进行交流。

另外，在加快建立并完善与风险评估相关的工作制度的同时，应尽快启动相关工作，本着边工作、边完善的原则，及时研究在风险评估方面可能遇到的困难和问题，提前研究提出对策。

(二)发挥国家食品安全风险评估专家委员会作用

《食品安全法》第 17 条中对有关农药、肥料、兽药、饲料和饲料添加剂等安全性评估,应当充分发挥国家食品安全风险评估专家委员会在指导和参与食品安全风险评估方面的作用。在具有能力的机构设立国家食品安全风险评估分中心,在国家食品安全风险评估专家委员会的指导下,协助收集相关食品安全风险信息,并承担卫生行政部门交付的风险评估任务。

(三)增强食品风险评估工作的透明度

成立风险评估机构时需公开评估机构内部管理及运行程序,以确保程序的透明性。公布出版各类风险评估结果以及其他的一些科学建议时,注意公开各类会议的日程和记录以及科学专家的利益声明。举行的各类会议应鼓励公众参加,并邀请消费者代表或其他感兴趣的组织来参与,使公众可以广泛获取该信息。食品安全风险评估在进行的时候,不得向生产经营者收取任何费用,并且采集样品也应当按照市场价格支付费用。多利用网络和咨询论坛等最大限度地与社会大众进行交流,使工作深入大众生活,实施以最大限度地保护消费者权益为目标的措施,切实关注百姓的健康。

期待我国所进行的大力开展食品安全风险评估的研究和应用的工作,能够迎来我国深入开展食品安全风险评估的新时期,早日取得国际上的领先地位,加快推进我国食品行业迈入更高的台阶。

第三节 食品安全风险交流制度

风险交流起源于 20 世纪 80 年代美国的环境领域,后被应用于食品、药品安全领域。我国在 2015 年修订《食品安全法》时,虽然未明确提出"风险交流"的概念,但在立法草案中提到了"……补充风险信息交流制度"。而《食品安全法》第 23 条规定,"县级以上人民政府食品安全监督管理部门和其他有关部门、食品安全风险评估专家委员会及其技术机构,应当按照科学、客观、及时、公开的原则,组织食品生产经营者、食品检验机构、认证机构、食品行业协会、消费者协会以及新闻媒体等,就食品安全风险评估信息和食品安全监督管理信息进行交流沟通。"该项规定也就从法律上明确了风险交流制度的参与主体、原则及交流内容。

一、食品安全风险交流的定义和内容

(一)食品安全风险交流的定义

在整个食品安全风险体系中,各个参与这个体系中的相关主体之间的信息交流起着非常重要的作用。而食品安全风险交流是指参与食品安全风险体系的各个主体就有关危害、风险、风险相关因素和风险认知等方面的相关信息和观点进行交流的活动。

风险交流应当包括下列组织和参与人员：国际组织（包括CAC、FAO和WHO、WTO）、政府机构、企业、消费者和消费者组织、学术界和其他感兴趣各方，以及媒体等。通过以上相关主体的参与，全面认识风险，保证信息交流的透明度。

（二）食品安全风险交流的内容

食品安全风险交流的许多步骤是在风险管理人员和风险评估人员之间进行的内部反复交流。其主要内容包括风险性质、利益性质、风险评估的不确定性以及风险管理选择。

风险性质包括有关危害的特性和重要性，风险的大小和严重程度，问题的紧迫性和发展趋势，危害暴露的可能性以及暴露的分布，能够构成显著风险的暴露量，风险人群的性质和规模，最高风险人群。

利益性质涉及与每种风险有关的实际或者预期利益，受益者和受益方式，风险和利益的平衡点，利益的大小和重要性，所有受影响人群的全部利益。

风险评估的不确定性包括所利用评估风险的方法，不确定因素的重要性，可利用资料的准确性，估计所依据的假设，估计对假设变化的敏感度，有关风险管理决定的估计变化的效果及其对风险管理决策的影响。

风险管理选择涉及控制或管理风险所采取的措施，减少个人风险所采取的个人行动，选择具体风险管理决策的理由，特殊决策的效益，受益者，管理风险的花费及来源，一个风险管理选择决策实施后的风险继续。

需要指出的是，在进行风险交流的实际项目时，并非风险交流几个部分的所有具体内容都必须包括在内，但是某些步骤的省略必须建立在合理的前提之上，而且整个风险交流的总体框架结构应当是完整的。

二、我国食品安全风险交流的原则

风险交流的原则是指贯穿于整个风险交流工作中的具有指导意义的基本准则。根据国外风险交流的经验及我国开展这一实践的具体环境和需要，风险交流的原则可以归纳为如下五项：法治原则、科学原则、客观原则、严谨原则和有效性原则。

（一）法治原则

宪法意义或一般意义上的法治原则是指法律的权威、地位高于一切，是神圣不可侵犯的，不论是私人还是政府，都必须首先和主要受法律的约束，服从和遵守法律。一般认为关于法治的基本理念是强调平等，反对特权，注重公民权利的保障，反对政府滥用权利。由此,法治应有几个最基本的特征:第一,法治是一种制度化模式或社会组织模式;第二,法治是一种理性精神和文化意识;第三,法治的最重要的含义,就是法律在终极意义上具有规制人们行为的力量,法律既是公民行为的最终导向,也是司法、行政执法活动的唯一准绳。因此国家机关行政职能的发挥应当而且必须在宪法和法律规定的赋权和责任之内,其权力运行的目的是保证公民权利的充分实现。

风险交流的宪法权利基础是公民的知情权,是科学与民主(公众参与、社会共治)的具体要求与表现。从多年来发生的食品安全事件来看,主要问题就是专家、媒体、管理者、企业、公众之间的信息流动是单向的且不充分,信息的披露、阐释和沟通不足,信息的发布滞后,信息片面或碎片化等导致公民的知情权没有得到应有的尊重,由于缺乏风险交流的统一组织者,信息扭曲、信息偏在、信息误读,甚至谣言满天飞,矛盾相当突出。

具体到国家食品安全监督管理部门在食品安全风险管理过程中进行风险交流应遵循的法治原则,就是要以保护宪法和法律规定的公民权利为宗旨,依据宪法和法律所授予的权力和应尽的职责,建立风险交流的法律制度及其相关规则与指南,将风险交流制度化,构建整个风险交流的工作体系和专业队伍,不断丰富和完善风险交流的基本理论、方法和技巧,在法律和规范性文件的框架下,加快完善食品安全信息披露工作,增强及时性和充分性,使各利益相关方能够公平、方便地获取和使用政府信息。除此之外,风险管理部门还应当建立覆盖风险交流的全套制度与机制,为日常风险信息交流、突发事件处理和回应热点关切提供制度保障。一方面要努力使风险交流工作与风险评估、风险管理、危机管理等工作形成有机结合的整体,加强过程交流,使风险分析框架真正发挥在食品安全体系中的基础作用;另一方面要充分发挥媒体、食品生产经营单位、行业协会和学会、消费者、消费者组织等利益相关方的作用,鼓励和引导它们参与风险交流活动;既要加强风险交流专业机构建设,又要大力扶植、培育民间交流平台,建立灵敏、高效的舆情监测和反应机制,使政府和机构在危急关头能够有条不紊地按照预案开展相应的风险交流工作。这些都是风险交流法治原则的应有之义。

2015 年《食品安全法》仅有一条关于风险交流的规定。2014 年 1 月 28 日国家卫生与计划生育委员会根据《国家食品安全监管体系“十二五”规划》和《国务院关于加强食品安全工作的决定》的有关要求,发布了《食品安全风险交流工作技术指南》。国家食品药品监督管理总局在 2015 年 11 月也已经初步完成了《风险交流工作规范》的制定。未来国家还应在国家法律、行政法规等不同层次上的立法中制定政府信息公开、企业信息公开、公众信息获取、食品安全国民教育的基础法律以及风险交流原则、框架、内容、方式等更为详细的规范,国家市场监督管理总局、卫生部门、农业部门还应制订阶段性的风险交流计划、策略等软法规范并定期检视与修改,编制相应案例指导等,从而全方位构建风险交流的制度体系。

(二)科学原则

科学是反映自然、社会、思维等客观规律的分科知识体系,尤其指通过科学方法获得或验证过的知识体系。科学是建立在实践基础上,经过实践检验和严密逻辑论证的,关于客观世界各种事物的本质及运动规律的知识体系。对于科学,随着人类社会的进步,有不同的观点,一般认为科学具有如下特征:①理性客观。一切以客观事实的观察为基础,通常科学家会设计实验并控制各种变因来保证实验的准确性,以及解释理论的能力。②可证伪。这是来自卡尔·波普尔的观点,人类其实无法知道一门学问里的理论是否一定正确,但若这门学问有部分有错误时,人们可以严谨明确地证明这部分的错误的确是存在的,那这门学问就算是合乎科学的学问。③存在一个适用范围。也就是说可以不是放之四海皆准的绝对真理。例如,广义相对论在微观世界失效,量子理论在宏观世界失效。④普遍必然性。科学理论来自实践,也必须回到实践,它必须能够解释其适用范围内的已知的所有事实。科学对实践的指导作用得到不断加强,科学体系本身也不断壮大,对人类的影响日趋显著。

有一种观点认为,科学是获取知识的过程,而非知识本身。这个过程又被称作科学方法,其含义是通过组织一个经严格验证被认定可信的解决问题的方案来获取信息。科学方法的核心特征之一就是交流。绝大多数情况下,科学研究的结果必须要接受其他对此研究感兴趣的人的监督、审查。一个科学家必须首先是一个健康的怀疑论者,对事物的理解抱有科学的态度。一件事是否科学取决于它是否被众多严密的证据支持,而非听起来是否响亮。另外,科学家必须十分关注细节,对诚实有强烈的道德认同感。

通过上述对科学的释义我们知道,科学是寻找信息解决问题的方法,所以科学只能解决有客观现实基础的问题。而诸如道德、价值判断、社会取向、个人态度这些问题是无法用科学方法加以解决的。同时,科学也受到人们从自然现象中探寻本质的能力的限制。人会犯错,同时,由于信息的缺乏或者误解,人们有时候也会得出错误的结论。但是科学本身是具有自我纠错能力的,当我们获取了新的知识,就必须改变或者抛弃原本错误的想法。

食品安全管理是一个涉及理学、工学、农学、医学、法学和管理学、社会学、心理学的广泛领域,科学原则就是要求风险管理者在组织风险交流工作时,以科学的事实和依据作为决策的基础,根据风险评估的结果,结合风险感知等因素制定风险交流的计划。要本着理性客观、实事求是、去伪存真、有错必纠的科学态度,主动交流。科学原则还要求我们的风险管理者,要不断学习与风险交流相关的学科知识,用科学的理论不断充实自己的头脑,用科学的思维和视角去看待风险交流信息和风险交流工作。无论是针对出台的法律法规或标准开展风险交流,还是针对国际国内的食品安全事件或舆论热点、认识误区的交流研判,抑或是主动开展一些科普类的公众宣传,开展认知调查,乃至交流技术和方法的研究和建立,均应本着科学精神和实事求是的态度，让公众在第一时间获得来自专家的声音，知晓事件的原因、危害和政府的态度，用科学证据和客观事实说话，不欺骗、不隐瞒、不遮掩、不夸大，告诉公众如何客观理性地看待可能的问题和风险，培养、提升公众的科学素质，塑造一个负责任的、诚信的政府管理者形象。

20 世纪 80 年代中期，德国著名社会学家贝克提出了“风险社会”理论，强调风险主要是由人的发展，特别是由科学技术的进步造成的，具有不可预测性。今天，大量由技术导致的危险，如化学污染、核辐射以及与转基因生物有关的风险，其特点之一是无法通过感官感知，因此，谁来解释风险，如何解释风险就显得非常重要。由于科技理性不再具有绝对权威，风险专家不再是风险定义的唯一主体，参与风险定义的主体应该是多元的，包括科学家、政治家、法学家、传媒以及公众在内。这是风险交流被运用于风险分析，且贯穿于风险分析的全过程，并成为风险分析（包括风险评估、风险管理、风险交流）的三大组成部分之一的社会理论背景。风险交流的目的不仅是风险信息或预案的告知、引导，而是通过交流来重新塑造决策者与实施者、专家与公众、政府与公民之间稳定的社会关系，维持彼此的信任。因此，风险管理者应当在正确认识和对待科学的基础上，依照科学原则和方法开展良好的风险交流工作。

一个值得警惕的问题是，风险管理机构的工作人员在风险管理过程中，有越来越多地依赖于技术专家的明显趋势，这一趋势使得政府在运用风险交流工具时，容易带有专家的傲慢和偏见，重视能够以科学方法加以处理的可量化的风险特征，而忽略一般公众所关心的如公平性、自愿性、可选择性等定性的考虑因素。所以风险管理机关应当有意识地避免对专业知识的单纯、过度依赖，否则将严重影响风险交流的效果。

（三）客观原则

根据国际食品法典委员会（CAC）对风险交流的定义，风险交流是指“在风险分析全过程中，就危害、风险、风险相关因素和风险认知在风险评估人员、风险管理人员、消费者、产业界、学术界和其他感兴趣各方中对信息和看法的互动式交流，内容包括对风险评估结果的解释和风险管理决策的依据”。通常，食品安全监管机构被认为是食品安全问题中风险交流的主要角色和有责任的组织者。不论是科学工作者、管理者、企业还是公众，都有必要获得更多的彼此交换意见和看法的交流机会和全面、客观、准确的科学信息。客观原则要求，食品安全监管机构的风险交流人员在组织风险交流时，应本着按照事物的本来面目，不加个人偏见或不带有个人主观意识地去认识问题、分析问题。

风险交流的信息可能来源于国际层面，或国家、地方各级政府的官方消息，也可能有其他来源，如生产者、销售者、消费者及其他利益相关方，由于各方主体对交流信息的理解程度不同，各自的角色和利益不同，经常会发生认识上的碰撞，这就要求风险管理者要及时与公众和其他利益相关方进行对话，实事求是地将可能存在的风险、风险的不确定性及可能的严重程度告诉所有利益相关方，同时了解他们对风险的认知和不同看法，这些不同的看法应当得到承认和尊重，让风险管理者认识到他们以往没有注意的问题和公众的关注点，并在早期得到解决。无论是风险管理者还是参与交流的科学家，必须能够清楚地交流他们所知道的和他们所不知道的东西，并解释相关的风险评估过程。风险管理者必须能够解释他们是如何做出风险管理决策的。

可靠的信息来源是履行客观原则至关重要的因素，公众往往倾向于相信有可靠来源的信息。目标受众对信息来源的信任程度取决于风险危害的性质、受众自身的文化、社会、经济地位及其他因素。通过研究发现，消费者对某一产品的不信任或完全不信任往往来自于产品本身的夸张，即不切实际的描述和利益感知。因此风险管理者在进行风险交流时，切忌不客观的过分夸大或过于绝对的语言表述。遗漏或不完整，扭曲或不公正，以及为了个人或集团私利的描述都是不客观的，从长远来看是损害公信力的。

食品安全监管机构在考虑风险管理方案时，风险交流者有责任解释已知的“事实”以及告知目前还不能解释的东西，引导、帮助大众客观、正确地理解那些事实和数据，以及在对事实和证据准确解读的基础上做出判断和选择。许多大众认为安全食品是指那些“零”风险的食品，但零风险往往是达不到的，在实践中，“安全食品”通常是指食品的“足够安全”，这一点在风险交流中很值得重视。客观原则的实施对象是针对需要交流的信息而言的，客观原则要求让公众理解风险的科学基础和附随的不确定性，提高公众关于食品安全的科学素养和对风险的感知能力与独立判断能力，达成增强其对我国食品安全体系信心的目的。

(四)严谨原则

严谨原则是指针对突发事件或日常管理中的一般事件进行风险交流时，对公众的关切既要认真、及时回应，又不能草率或轻率处置，所制定的风险交流策略应具有高度的周密性，尽量杜绝和减少疏漏。当发生需要交流的食品安全事件或进行危机处理时，针对所发生的事件应当尽可能了解受众、媒体的需要，充分考虑事件对各利益相关方的影响，依据科学的评估报告和专家的风险交流建议，考虑风险管理的目标，做出审慎的思考和周密的工作安排，在向受众、媒体发布信息、解释风险或其不确定性，提出警示及建议时，需要预先拿出一个经测试的处理方案，以避免引起不必要的社会恐慌和不计成本的过度处理。

(五)有效性原则

有效性原则，是指风险交流作为风险分析的组成部分之一，是一个必要和关键的工具或手段，借此工具可适当地确认问题，达成最佳的风险管理决策，从而实现预期的管理目标。

有效的风险交流应当建立和维护信任和信心为目标，它应当促进所提出的风险管理方案被所有利益相关方最大限度地接受和支持。根据世界粮农组织(FAO)及世界卫生组织(WHO)关于“风险交流在食品标准及安全事宜中的应用”的咨询报告,风险交流的目标包括:①提高在风险分析过程中,所有利益相关方对特殊问题的感知和理解;②提高在达成和实施风险管理决策时的一致性和透明度;③为理解所提出或实施的风险管理决策提供更坚实基础;④改进风险分析过程的整体有效性和效率;⑤一旦风险管理方案选定,各方应帮助制定和传播能实现预期目标的信息及教育方案;⑥培育公众对食品供应安全的信任和信心;⑦加强所有参与者之间的工作关系和相互尊重;⑧鼓励所有相关方在风险交流过程中的适当参与;⑨加强利益相关方之间的信息交流。要达成上述风险交流的预期目的,至关重要的是,应当做到交流的及时、公开、透明、简单、双向、连续、对话和计划,以及对交流效果的及时评估。

近年来,我国风险评估机构和风险管理机构的工作人员,为保护和提高公众健康,已经做了不少信息发布和交流工作,这些信息发布和交流主要集中在有关危害的定性方面,这是因为有些危害还缺乏明确的定量分析。最近,随着食品安全风险分析方法的开发和应用,以及人群风险定量信息的可取性,风险管理策略已经有了改进的机会。总之,无论内部交流还是外部交流,抑或非危机情形中的交流,其所运用的处理措施、方法会有所不同,但及时、公开、透明、简单、双向、连续、对话、计划的方针策略是通用的。

风险交流的关键因素是建立信任。从实践策略层面上来说,研究者认为,贯穿在所有风险交流策略中的一条主线就是必须建立信任,在此基础上才能实现教育、构建共识等目标。当所有信息来源,包括那些公众最信任的信息渠道都传递了同一风险信息时,风险交流一般是最有效的。

三、目前我国食品风险交流中存在的问题

(一)信息发布积极性不高

在我国《信息公布条例》中,信息发布主要存在三种发布方式:主动发布、依申请发布,以及保密不能发布。目前我国信息发布的方式过于含糊,在当下自媒体时代,信息传播速度飞快,如果不能及时发布准确的信息,则不免流言四起,这就要求我国食品风险交流信息的发布要迅速准确。

(二)政府公信力不足

在社会生活中,负面信息的传播速度永远都是最快的,很多群众也都会去相信这些负面消息而不相信政府发布的信息。引起这种问题的原因就是群众对政府公信力的怀疑。目前,虽然我国政府有意识地加强官方信息发布的宣传力度和权威,但是却仍然未达到预期的结果。

(三)相关资源投入力度不够

我国食品风险交流方面目前存在最大的问题之一就是资金和人力资源严重不足的问题。目前,我国国家食品安全风险评估中心的编制名额大概有200人,这与我国现行的经济发展对食品行业所提出的标准存在着较大的差距。相对同时期的国外对食品行业的投入资源相比较而言,我国对此方面的投入资源相对较少。

四、针对我国食品风险交流中存在问题的应对措施

(一)高度重视风险交流的工作

例如,在有关行政部门制定的"2015年农产品质量安全监管工作要点"中,明确将"加强科学研究和风险交流,组织专家适时进行解释疑惑和科普解读,全面普及农产品质量安全知识"作为重点工作之一来执行。

(二)制定规范性文件来明确食品安全风险交流工作的重要事项

国家卫生行政部门于2014年发布了《食品安全风险交流工作技术指南》,以指导相关部门系统科学有效地开展食品安全风险交流工作。《食品安全风险交流工作技术指南》明确地规定了相关内容。

(三)加大信息公开力度

法律要求建立通畅的信息发布和反馈渠道,完善信息管理制度,明确信息公开的范围与内容,明确信息发布人员、权限以及发布形式,确保信息发布的准确性、一致性。

国家食品安全风险评估中心积极接受媒体采访或主动与媒体约谈,就食品安全问题发表权威信息,抵制谣言的散布;对于食品安全风险评估事项,在评估报告出来后,主动与媒体沟通和发布,经常组织专家、媒体策划活动并予以发布。

卫生行政部门为了保障公民、法人和其他组织能够及时获知农产品质量安全专项检查整治、违法生产经营行为查处、标准制定和修订以及风险评估和风险警示等相关信息,在农产品质量安全法规、政策、标准等制定和修订过程中,广泛听取并合理采纳行业、企业、消费者、专家和社会各界的意见和建议;对社会公众关注的食品安全标准、案件查处等热点问题,及时回应社会关切,且认真做好解疑释惑工作。

(四)加大科普力度

目前采取的主要科普形式包括:①制作和散发各种形式的科普载体,包括文字与音像制品,如折页、展板、光盘等;日常生活用品,如购物袋、贴纸等;网络及新媒体载体,如短视频、动画、短信等。②公众活动,如科普展览、培训讲座等。

针对不同利益相关方,采取不同的风险交流策略。①针对政府相关机构,科普宣教的重点是食品安全法律法规、食品安全风险分析的基本理论和方法、食品安全

标准、风险监测、评估相关知识、食源性疾病报告防治知识等，适宜的形式包括科普载体、培训、座谈等。②针对食品企业和行业协会，科普宣教的重点是食品安全法律法规标准、食品安全风险分析的基本理论和方法、食品安全标准、风险监测、评估相关知识、食品安全基本常识、食品安全典型案例、事件解读分析等，适宜的形式包括科普载体、培训等。③针对媒体，科普宣教的重点是食品安全法律法规体系、食品安全标准、食品安全基本常识等。④针对一般公众，科普宣教的重点是食品安全基本常识、合理膳食、食品安全典型案例警示教育、适宜的各种宣传形式等。

相关行政部门应要求风险评估专家委员会的专家每年就自己领域内的社会关注热点问题写出科普文章。除此之外，还选择性地对外推送一些科普知识，比如，利用活动向外推送科普文章，建立微信公众号等科普活动。

（五）建立监督舆情机构

各监管机构成立了专门机构监测网上舆情信息，有舆情在第一时间反馈。互联网是舆情的主要来源，包括门户网站、食品安全相关机构网站、论坛、博客、微博、微信等。广播、电视、报纸等也可以作为重要舆情来源。专门机构的主要工作包括：①开展舆情监测，收集舆情信息及利益相关方诉求。②舆情研判，内容包括舆情定性、分析舆情敏感因素、传播特征及趋势、可能存在的炒作或恶意竞争因素等。针对筛选出的重点舆情可进行技术分析，提出应对建议，必要时召集相关领域专家进行专题研究。③拟订有针对性的风险交流口径，并通过适宜的形式、时机和渠道发布信息。④跟踪舆论反应，适时对措施进行调整和修正。

（六）开展风险交流培训

食品安全相关机构应当开展多种形式的风险交流技能培训，培养风险交流人才队伍。培训内容包括食品安全基础知识、风险交流基础理论与技巧、媒体沟通原则与技巧、危机处理技巧、公共关系和心理学基本理论等。例如，农业部于 2010 年 10 月举办“农产品质量安全风险评估高级研修班”，其四项培训内容中就包括“农产品质量安全风险交流原则、程序、技巧与经验”。通过这种方式，传授和交流风险交流的经验，有助于提高风险交流的水平。

（七）建立风险交流的评价机制

食品安全相关机构通过对程序、能力及效果的评价，总结经验教训，完善和提高风险交流工作水平。程序评价是优先开展的评价，主要评价各项工作程序是否有效运转，内外部协调协作是否顺畅等，可用于对预案的验证。能力评价主要评价相关人员的风险交流技能、组织协调能力和存在的不足等。效果评价主要评价信息是否有效传达，以及各利益相关方的总体满意度。风险交流评价的主要方式包括预案演练、案例回顾、专家研讨、小组座谈以及问卷调查等。

（八）加大对食品风险交流的资源投入

为了促进我国食品安全风险交流的快速发展，应当加大对此领域的资源投入。

无论是在人员编制、项目计划，还是资金投入等方面，都应当持续性加大投入力度，将我国的食品行业的标准与我国的经济发展速度相一致。

（九）加强食品安全风险交流的学科研究和国际合作

虽然我国的食品安全风险交流起步晚于西方国家，学科研究基础也比较薄弱，人才储备也较为不足。基于国内公众风险感知的社会心理学研究、新闻传播学研究以及其他相关研究成果稀少。我国在2012年加入了国际食品风险交流中心合作网络，政府也聘请了一些国际专家担任顾问，但仍然存在专业人员缺乏的问题。因此应当不断加强食品安全风险交流领域的科研部合作，以及国际合作与交流，促进政府机构和民间组织的交流，推动本国风险交流具体实践研究成果的产生。

食品安全风险交流不是一个孤立的制度，而是一整套涉及政府监管体系、政府信息公开、信息的收集与发布、风险管理、风险评估、公众参与的组织与程序安排、公众素质与交流意识的集合，与食品安全社会共治密切相关，是真正落实食品安全社会共治的一个关键因素或前提条件。风险交流要求相对集中的监管体系，充分的政府信息公开，专业的风险评估科学团队，双向互动的交流机制，公开透明、及时有效的风险管理程序，等等。这些影响风险交流的条件如果能够实现，对改变当前食品安全监管中存在的信息不透明、官僚主义、行政不作为等固有问题能够起到有效的改善作用。良好的风险交流需要多方参与，从而促进食品安全社会共治的实现，也能够最大限度地弥合政府、企业、专家、消费者之间的分歧。风险交流所需的专业性，要求风险交流人员必须学习借鉴国际上普遍遵循的风险交流的原则、程序和方法，这些制度性措施与规范的实施，能够进一步打开公众参与的渠道，使政府的管理方式发生根本转变，从而实现食品安全社会共治的政府治理理念。因此，食品安全风险交流是实现食品安全社会共治的突破口，食品安全的社会共治应当以风险交流为抓手，从风险交流开始，带动食品安全监管工作思路、工作方法向社会共治的理念转变。①

因此，想要真正有效开展食品安全风险交流，改革的任务会涉及方方面面，会面临重重挑战和困难，但食品安全的问题不是一朝一夕能够解决的，策略和方法则显得尤为重要。立法层面还须为食品安全风险交流划定框架，规定食品安全风险交流的具体制度，包括组织原则、机制和程序，以及交流范围、参与方式、交流结果管理等，既要规定食品安全事件的应急风险交流，也要规定日常工作状态下的风险信息交流，以及风险管理部门、风险评估部门、专家、媒体和公众的科学素养、交流意识的培养。良好的风险交流需要相当的知识、技术、成熟的计划和一定的资源投

① 孙颖：《食品安全风险交流的法律制度研究》，中国法制出版社2017年版，第203-215页。

入。为交流提供基础设施并营造一个鼓励交流、期待交流、使交流能够进行的法律环境,是风险管理成功实施的最重要的步骤。

上述的这些问题需要依赖于制度和政策的引导和改变,除却食品安全风险交流需要构建自身的制度框架之外,仍然需要客观的社会环境和条件的协调发展,才能真正地促进食品风险交流行业的健康发展。

第七章

食品生产经营制度

第一节　食品生产经营的一般规定

食品生产经营，是指一切食品的生产、采集、收购、加工、储存、运输、陈列、供应以及销售等活动。食品生产经营者应当依照法律、法规和食品安全标准从事生产经营活动，建立健全食品安全管理制度，采取有效管理措施，保证食品安全。食品生产经营者对其生产经营的食品安全负责，对社会和公众负责，承担社会责任。

一、食品生产经营的卫生要求

食品生产经营中的卫生要求，首先是要符合食品安全标准，这是《食品安全法》对食品生产经营最基本、最核心的要求。除此之外，还必须做到以下要求。

(1)具有与生产经营的食品品种、数量相适应的食品原料处理和食品加工、包装、贮存等场所，保持该场所环境整洁，并与有毒、有害场所以及其他污染源保持规定的距离。

(2)具有与生产经营的食品品种、数量相适应的生产经营设备或者设施，有相应的消毒、更衣、盥洗、采光、照明、通风、防腐、防尘、防蝇、防鼠、防虫、洗涤以及处理废水、存放垃圾和废弃物的设备或者设施。

(3)有专职或者兼职的食品安全专业技术人员、食品安全管理人员和保证食品安全的规章制度。

(4)具有合理的设备布局和工艺流程，防止待加工食品与直接入口食品、原料与成品交叉污染，避免食品接触有毒物、不洁物。

(5)餐具、饮具和盛放直接入口食品的容器，使用前应当洗净、消毒，炊具、用具用后应当洗净，保持清洁。

(6)贮存、运输和装卸食品的容器、工具和设备应当安全、无害，保持清洁，防止食品污染，并符合保证食品安全所需的温度、湿度等特殊要求，不得将食品与有毒、有害物品一同贮存、运输。

(7)直接入口的食品应当使用无毒、清洁的包装材料、餐具、饮具和容器。

(8)食品生产经营人员应当保持个人卫生，生产经营食品时，应当将手洗净，穿戴清洁的工作衣、帽等；销售无包装的直接入口食品时，应当使用无毒、清洁的容器、售货工具和设备。

(9)用水应当符合国家规定的生活饮用水卫生标准。

(10)使用的洗涤剂、消毒剂应当对人体安全、无害。

(11)法律、法规规定的其他要求。

二、禁止生产经营的食品

《食品安全法》规定，禁止生产经营下列食品、食品添加剂、食品相关产品。

(1)用非食品原料生产的食品或者添加食品添加剂以外的化学物质和其他可能危害人体健康物质的食品，或者用回收食品作为原料生产的食品。

(2)致病性微生物，农药残留、兽药残留、生物毒素、重金属等污染物质，以及其他危害人体健康的物质含量超过食品安全标准限量的食品、食品添加剂、食品相关产品。

(3)用超过保质期的食品原料、食品添加剂生产的食品、食品添加剂。

(4)超范围、超限量使用食品添加剂的食品。

(5)营养成分不符合食品安全标准的专供婴幼儿和其他特定人群的主辅食品。

(6)腐败变质、油脂酸败、霉变生虫、污秽不洁、混有异物、掺假掺杂或者感官性状异常的食品、食品添加剂。

(7)病死、毒死或者死因不明的禽、畜、兽、水产动物肉类及其制品。

(8)未按规定进行检疫或者检疫不合格的肉类，或者未经检验或者检验不合格的肉类制品。

(9)被包装材料、容器、运输工具等污染的食品、食品添加剂。

(10)标注虚假生产日期、保质期或者超过保质期的食品、食品添加剂。

(11)无标签的预包装食品、食品添加剂。

(12)国家为防病等特殊需要明令禁止生产经营的食品。

(13)其他不符合法律、法规或者食品安全标准的食品、食品添加剂、食品相关产品。

三、食品生产经营许可证制度

国家对食品生产经营实行许可制度。从事食品生产、食品销售、餐饮服务，应当依法取得食品生产许可、食品销售许可、餐饮服务许可。销售食用农产品，不需要取得许可。食品生产经营许可的有效期为5年。

食品生产经营者的生产经营条件发生变化，不符合食品生产经营要求的，食品生产经营者应当立即采取整改措施；有发生食品安全事故的潜在风险的，应当立即停止食品生产经营活动，并向所在地县级质量监督、工商行政管理或者食品药品监督管理部门报告；需要重新办理许可手续的，应当依法办理。

县级以上质量监督、工商行政管理、食品药品监督管理部门应当加强对食品生产经营者生产经营活动的日常监督检查；发现不符合食品生产经营要求情形的，应当责令立即纠正，并依法予以处理；不再符合生产经营许可条件的，应当依法撤销相关许可。

县级以上地方人民政府食品药品监督管理部门应当依照《中华人民共和国行政许可法》的规定，审核申请人提交的本法第三十三条第一款第一项至第四项规定要求的相关资料，必要时对申请人的生产经营场所进行现场核查；对符合规定条件的，准予许可；对不符合规定条件的，不予许可并书面说明理由。

四、食品生产加工小作坊和食品摊贩管理

食品生产加工小作坊和食品摊贩等从事食品生产经营活动，应当符合本法规定的与其生产经营规模、条件相适应的食品安全要求，保证所生产经营的食品卫生、无毒、无害，食品药品监督管理部门应当对其加强监督管理。

县级以上地方人民政府应当对食品生产加工小作坊、食品摊贩等进行综合治理，加强服务和统一规划，改善其生产经营环境，鼓励和支持其改进生产经营条件，进入集中交易市场、店铺等固定场所经营，或者在指定的临时经营区域、时段经营。

食品生产加工小作坊和食品摊贩等的具体管理办法由省、自治区、直辖市制定。

五、食品添加剂的生产和使用管理

利用新的食品原料生产食品，或者生产食品添加剂新品种、食品相关产品新品种，应当向国务院卫生行政部门提交相关产品的安全性评估材料。国务院卫生行政部门应当自收到申请之日起六十日内组织审查；对符合食品安全要求的，准予许可并公布；对不符合食品安全要求的，不予许可并书面说明理由。

生产经营的食品中不得添加药品，但是可以添加按照传统既是食品又是中药材的物质。按照传统既是食品又是中药材的物质目录由国务院卫生行政部门会同国务院食品药品监督管理部门制定、公布。

国家对食品添加剂生产实行许可制度。从事食品添加剂生产，应当具有与所生产食品添加剂品种相适应的场所、生产设备或者设施、专业技术人员和管理制度，并依照本法第三十五条第二款规定的程序，取得食品添加剂生产许可。生产食品添加剂应当符合法律、法规和食品安全国家标准。

食品添加剂应当在技术上确有必要且经过风险评估证明安全可靠，方可列入允许使用的范围；有关食品安全国家标准应当根据技术必要性和食品安全风险评估结果及时修订。食品生产经营者应当按照食品安全国家标准使用食品添加剂。

生产食品相关产品应当符合法律、法规和食品安全国家标准。对直接接触食品的包装材料等具有较高风险的食品相关产品，按照国家有关工业产品生产许可证管理的规定实施生产许可。质量监督部门应当加强对食品相关产品生产活动的监督管理。

六、食品安全全程追溯制度

国家建立食品安全全程追溯制度。食品生产经营者应当依照本法的规定，建立食品安全追溯体系，保证食品可追溯。国家鼓励食品生产经营者采用信息化手段采集、留存生产经营信息，建立食品安全追溯体系。

国务院食品药品监督管理部门会同国务院农业行政等有关部门建立食品安全全程追溯协作机制。地方各级人民政府应当采取措施鼓励食品规模化生产和连锁经营、配送。国家鼓励食品生产经营企业参加食品安全责任保险。

第二节　食品生产经营过程控制

《食品安全法》对食品生产经营过程控制做出了比较详细的规定，保证食品生产和经营等环节能够符合食品安全标准。

一、食品安全生产管理相关制度

（一）建立健全安全管理制度

食品生产经营企业应当建立健全食品安全管理制度，对职工进行食品安全知识培训，加强食品检验工作，依法从事生产经营活动。食品生产经营企业的主要负责人应当落实企业食品安全管理制度，对本企业的食品安全工作全面负责。

食品生产经营企业应当配备食品安全管理人员,加强对其培训和考核。经考核不具备食品安全管理能力的,不得上岗。食品药品监督管理部门应当对企业食品安全管理人员随机进行监督抽查考核并公布考核情况。监督抽查考核不得收取费用。

(二)从业人员健康管理制度

食品生产经营者应当建立并执行从业人员健康管理制度。患有国务院卫生行政部门规定的有碍食品安全疾病的人员,不得从事接触直接入口食品的工作。从事接触直接入口食品工作的食品生产经营人员应当每年进行健康检查,取得健康证明后方可上岗工作。

(三)食品生产过程控制要求

食品生产企业应当就下列事项制定并实施控制要求,保证所生产的食品符合食品安全标准。

(1)原料采购、原料验收、投料等原料控制。

(2)生产工序、设备、贮存、包装等生产关键环节控制。

(3)原料检验、半成品检验、成品出厂检验等检验控制。

(4)运输和交付控制。

(四)食品安全自查制度

食品生产经营者应当建立食品安全自查制度,定期对食品安全状况进行检查评价。生产经营条件发生变化,不再符合食品安全要求的,食品生产经营者应当立即采取整改措施;有发生食品安全事故潜在风险的,应当立即停止食品生产经营活动,并向所在地县级人民政府食品药品监督管理部门报告。

(五)危害分析与关键控制点体系

国家鼓励食品生产经营企业符合良好生产规范要求,实施危害分析与关键控制点体系,提高食品安全管理水平。对通过良好生产规范、危害分析与关键控制点体系认证的食品生产经营企业,认证机构应当依法实施跟踪调查;对不再符合认证要求的企业,应当依法撤销认证,及时向县级以上人民政府食品药品监督管理部门通报,并向社会公布。认证机构实施跟踪调查不得收取费用。

二、食品生产经营过程管理制度

(一)食用农产品生产管理

食用农产品生产者应当按照食品安全标准和国家有关规定使用农药、肥料、兽药、饲料和饲料添加剂等农业投入品,严格执行农业投入品使用安全间隔期或者休药期的规定,不得使用国家明令禁止的农业投入品。禁止将剧毒、高毒农药用于蔬菜、瓜果、茶叶和中草药材等国家规定的农作物。食用农产品的生产企业和农民专业合作经济组织应当建立农业投入品使用记录制度。县级以上人民政府农业行政部门应当加强对农业投入品使用的监督管理和指导，建立健全农业投入品安全使用制度。

（二）食品生产者采购管理

食品生产者采购食品原料、食品添加剂、食品相关产品，应当查验供货者的许可证和产品合格证明；对无法提供合格证明的食品原料，应当按照食品安全标准进行检验；不得采购或者使用不符合食品安全标准的食品原料、食品添加剂、食品相关产品。

食品生产企业应当建立食品原料、食品添加剂、食品相关产品进货查验记录制度，如实记录食品原料、食品添加剂、食品相关产品的名称、规格、数量、生产日期或者生产批号、保质期、进货日期，以及供货者名称、地址、联系方式等内容，并保存相关凭证。记录和凭证保存期限不得少于产品保质期满后 6 个月；没有明确保质期的，保存期限不得少于 2 年。

（三）食品出厂检验制度

食品生产企业应当建立食品出厂检验记录制度，查验出厂食品的检验合格证和安全状况，如实记录食品的名称、规格、数量、生产日期或者生产批号、保质期、检验合格证号、销售日期，以及购货者名称、地址、联系方式等内容，并保存相关凭证。记录和凭证保存期限应当符合相关的规定。

食品、食品添加剂、食品相关产品的生产者，应当按照食品安全标准对所生产的食品、食品添加剂、食品相关产品进行检验，检验合格后方可出厂或者销售。

（四）食品经营管理相关要求

食品经营者采购食品，应当查验供货者的许可证和食品出厂检验合格证或者其他合格证明（以下称合格证明文件）。

食品经营企业应当建立食品进货查验记录制度，如实记录食品的名称、规格、数量、生产日期或者生产批号、保质期、进货日期，以及供货者名称、地址、联系方式等内容，并保存相关凭证。记录和凭证保存期限应当符合相关的规定。

实行统一配送经营方式的食品经营企业，可以由企业总部统一查验供货者的许可证和食品合格证明文件，进行食品进货查验记录。从事食品批发业务的经营企业应当建立食品销售记录制度，如实记录批发食品的名称、规格、数量、生产日期或者生产批号、保质期、销售日期，以及购货者名称、地址、联系方式等内容，并保存相关凭证。记录和凭证保存期限应当符合相关的规定。

（五）食品贮存的相关要求

食品经营者应当按照保证食品安全的要求贮存食品，定期检查库存食品，及时清理变质或者超过保质期的食品。

食品经营者贮存散装食品，应当在贮存位置标明食品的名称、生产日期或者生产批号、保质期、生产者名称及联系方式等内容。

三、用餐服务食品安全管理制度

(一)餐饮服务提供者的管理

餐饮服务提供者应当制定并实施原料控制要求，不得采购不符合食品安全标准的食品原料。倡导餐饮服务提供者公开加工过程，公示食品原料及其来源等信息。

餐饮服务提供者在加工过程中应当检查待加工的食品及原料，发现有《食品安全法》第三十四条第六项规定情形的，不得加工或者使用。

餐饮服务提供者应当定期维护食品加工、贮存、陈列等设施、设备；定期清洗、校验保温设施及冷藏、冷冻设施。

餐饮服务提供者应当按照要求对餐具、饮具进行清洗消毒，不得使用未经清洗消毒的餐具、饮具；餐饮服务提供者委托清洗消毒餐具、饮具的，应当委托符合本法规定条件的餐具、饮具集中消毒服务单位。

(二)集中用餐单位的食品安全管理

学校、托幼机构、养老机构、建筑工地等集中用餐单位的食堂应当严格遵守法律、法规和食品安全标准；从供餐单位订餐的，应当从取得食品生产经营许可的企业订购，并按照要求对订购的食品进行查验。供餐单位应当严格遵守法律、法规和食品安全标准，当餐加工，确保食品安全。

学校、托幼机构、养老机构、建筑工地等集中用餐单位的主管部门应当加强对集中用餐单位的食品安全教育和日常管理，降低食品安全风险，及时消除食品安全隐患。

(三)餐具、饮具集中消毒服务管理

餐具、饮具集中消毒服务单位应当具备相应的作业场所、清洗消毒设备或者设施，用水和使用的洗涤剂、消毒剂应当符合相关食品安全国家标准和其他国家标准、卫生规范。

餐具、饮具集中消毒服务单位应当对消毒餐具、饮具进行逐批检验，检验合格后方可出厂，并应当随附消毒合格证明。消毒后的餐具、饮具应当在独立包装上标注单位名称、地址、联系方式、消毒日期以及使用期限等内容。

四、食品添加剂的生产和经营管理

食品添加剂生产者应当建立食品添加剂出厂检验记录制度，查验出厂产品的

检验合格证和安全状况，如实记录食品添加剂的名称、规格、数量、生产日期或者生产批号、保质期、检验合格证号、销售日期，以及购货者名称、地址、联系方式等相关内容，并保存相关凭证。记录和凭证保存期限应当符合相关规定。

食品添加剂经营者采购食品添加剂，应当依法查验供货者的许可证和产品合格证明文件，如实记录食品添加剂的名称、规格、数量、生产日期或者生产批号、保质期、进货日期以及供货者名称、地址、联系方式等内容，并保存相关凭证。记录和凭证保存期限应当符合本法第50条第2款的规定。

五、集中交易市场的食品安全管理

集中交易市场的开办者、柜台出租者和展销会举办者，应当依法审查入场食品经营者的许可证，明确其食品安全管理责任，定期对其经营环境和条件进行检查，发现其有违反本法规定行为的，应当及时制止并立即报告所在地县级人民政府食品药品监督管理部门。

六、网络食品交易平台的管理

网络食品交易第三方平台提供者应当对入网食品经营者进行实名登记，明确其食品安全管理责任；依法应当取得许可证的，还应当审查其许可证。

网络食品交易第三方平台提供者发现入网食品经营者有违反本法规定行为的，应当及时制止并立即报告所在地县级人民政府食品药品监督管理部门；发现严重违法行为的，应当立即停止提供网络交易平台服务。

七、食品召回制度

国家建立食品召回制度。食品生产者发现其生产的食品不符合食品安全标准或者有证据证明可能危害人体健康的，应当立即停止生产，召回已经上市销售的食品，通知相关生产经营者和消费者，并记录召回和通知情况。

食品经营者发现其经营的食品有前款规定情形的，应当立即停止经营，通知相关生产经营者和消费者，并记录停止经营和通知情况。食品生产者认为应当召回的，应当立即召回。由于食品经营者的原因造成其经营的食品有前款规定情形的，食品经营者应当召回。

食品生产经营者应当对召回的食品采取无害化处理、销毁等措施，防止其再次流入市场。但是，对因标签、标志或者说明书不符合食品安全标准而被召回的食品，食品生产者在采取补救措施且能保证食品安全的情况下可以继续销售；销售时应当向消费者明示补救措施。

食品生产经营者应当将食品召回和处理情况向所在地县级人民政府食品药品监督管理部门报告;需要对召回的食品进行无害化处理、销毁的,应当提前报告时间、地点。食品药品监督管理部门认为必要的,可以实施现场监督。

食品生产经营者未依照本条规定召回或者停止经营的,县级以上人民政府食品药品监督管理部门可以责令其召回或者停止经营。

八、食用农产品安全管理制度

食用农产品批发市场应当配备检验设备和检验人员或者委托符合本法规定的食品检验机构,对进入该批发市场销售的食用农产品进行抽样检验;发现不符合食品安全标准的,应当要求销售者立即停止销售,并向食品药品监督管理部门报告。

食用农产品销售者应当建立食用农产品进货查验记录制度,如实记录食用农产品的名称、数量、进货日期以及供货者名称、地址、联系方式等内容,并保存相关凭证。记录和凭证保存期限不得少于六个月。

进入市场销售的食用农产品在包装、保鲜、贮存、运输中使用保鲜剂、防腐剂等食品添加剂和包装材料等食品相关产品,应当符合食品安全国家标准。

第三节　标签、说明书和广告

一、食品包装标签的一般规定

预包装食品的包装上应当有标签。标签应当标明下列事项。

(1)名称、规格、净含量、生产日期。

(2)成分或者配料表。

(3)生产者的名称、地址、联系方式。

(4)保质期。

(5)产品标准代号。

(6)贮存条件。

(7)所使用的食品添加剂在国家标准中的通用名称。

(8)生产许可证编号。

(9)法律、法规或者食品安全标准规定应当标明的其他事项。

专供婴幼儿和其他特定人群的主辅食品,其标签还应当标明主要营养成分及其含量。食品安全国家标准对标签标注事项另有规定的,从其规定。

食品经营者销售散装食品,应当在散装食品的容器、外包装上标明食品的名称、生产日期或者生产批号、保质期以及生产经营者名称、地址、联系方式等内容。

生产经营转基因食品应当按照规定显著标示。

二、食品添加剂的标签及说明书的规定

食品添加剂应当有标签、说明书和包装。标签、说明书应当载明相关规定的事项,以及食品添加剂的使用范围、用量、使用方法,并在标签上载明“食品添加剂”字样。

食品和食品添加剂的标签、说明书,不得含有虚假内容,不得涉及疾病预防、治疗功能。生产经营者对其提供的标签、说明书的内容负责。

食品和食品添加剂的标签、说明书应当清楚、明显,生产日期、保质期等事项应当显著标注,容易辨识。食品和食品添加剂与其标签、说明书的内容不符的,不得上市销售。食品经营者应当按照食品标签标示的警示标志、警示说明或者注意事项的要求销售食品。

三、食品广告的管理规定

食品广告的内容应当真实合法,不得含有虚假内容,不得涉及疾病预防、治疗功能。食品生产经营者对食品广告内容的真实性、合法性负责。

县级以上人民政府食品药品监督管理部门和其他有关部门以及食品检验机构、食品行业协会不得以广告或者其他形式向消费者推荐食品。消费者组织不得以收取费用或者其他牟取利益的方式向消费者推荐食品。

第四节 特殊食品的管理

国家对保健食品、特殊医学用途配方食品和婴幼儿配方食品等特殊食品实行严格监督管理,确保人民群众的健康发展需求。

一、保健食品的管理

(一)原料目录及进口的管理规定

保健食品声称保健功能,应当具有科学依据,不得对人体产生急性、亚急性或者慢性危害。保健食品原料目录和允许保健食品声称的保健功能目录,由国务院食品药品监督管理部门会同国务院卫生行政部门、国家中医药管理部门制定、调整并公布。保健食品原料目录应当包括原料名称、用量及其对应的功效;列入保健食

品原料目录的原料只能用于保健食品生产,不得用于其他食品生产。

使用保健食品原料目录以外原料的保健食品和首次进口的保健食品应当经国务院食品药品监督管理部门注册。但是,首次进口的保健食品中属于补充维生素、矿物质等营养物质的,应当报国务院食品药品监督管理部门备案。其他保健食品应当报省、自治区、直辖市人民政府食品药品监督管理部门备案。进口的保健食品应当是出口国(地区)主管部门准许上市销售的产品。

(二)注册的管理规定

依法应当注册的保健食品,注册时应当提交保健食品的研发报告、产品配方、生产工艺、安全性和保健功能评价、标签、说明书等材料及样品,并提供相关证明文件。国务院食品药品监督管理部门经组织技术审评,对符合安全和功能声称要求的,准予注册;对不符合要求的,不予注册并书面说明理由。对使用保健食品原料目录以外原料的保健食品做出准予注册决定的,应当及时将该原料纳入保健食品原料目录。

依法应当备案的保健食品,备案时应当提交产品配方、生产工艺、标签、说明书,以及表明产品安全性和保健功能的材料。

(三)标签、说明书及广告的管理规定

保健食品的标签、说明书不得涉及疾病预防、治疗功能,内容应当真实,与注册或者备案的内容相一致,载明适宜人群、不适宜人群、功效成分或者标志性成分及其含量等,并声明“本品不能代替药物”。保健食品的功能和成分应当与标签、说明书相一致。

保健食品广告除应当符合相关规定外,还应当声明“本品不能代替药物”;其内容应当经生产企业所在地省、自治区、直辖市人民政府食品药品监督管理部门审查批准,取得保健食品广告批准文件。省、自治区、直辖市人民政府食品药品监督管理部门应当公布并及时更新已经批准的保健食品广告目录以及批准的广告内容。

二、特殊医学用途配方食品的管理

特殊医学用途配方食品应当经国务院食品药品监督管理部门注册。注册时,应当提交产品配方、生产工艺、标签、说明书,以及表明产品安全性、营养充足性和特殊医学用途临床效果的材料。

特殊医学用途配方食品广告适用《中华人民共和国广告法》和其他法律、行政法规关于药品广告管理的规定。

三、婴儿配方食品的管理

婴幼儿配方食品生产企业应当实施从原料进厂到成品出厂的全过程质量控制，对出厂的婴幼儿配方食品实施逐批检验，保证食品安全。

生产婴幼儿配方食品使用的生鲜乳、辅料等食品原料、食品添加剂等，应当符合法律、行政法规的规定和食品安全国家标准，保证婴幼儿生长发育所需的营养成分。

婴幼儿配方食品生产企业应当将食品原料、食品添加剂、产品配方及标签等事项向省、自治区、直辖市人民政府食品药品监督管理部门备案。

婴幼儿配方乳粉的产品配方应当经国务院食品药品监督管理部门注册。注册时，应当提交配方研发报告和其他表明配方科学性、安全性的材料。

不得以分装方式生产婴幼儿配方乳粉，同一企业不得用同一配方生产不同品牌的婴幼儿配方乳粉。

四、其他管理规定

保健食品、特殊医学用途配方食品、婴幼儿配方乳粉的注册人或者备案人应当对其提交材料的真实性负责。省级以上人民政府食品药品监督管理部门应当及时公布注册或者备案的保健食品、特殊医学用途配方食品、婴幼儿配方乳粉目录，并对注册或者备案中获知的企业商业秘密予以保密。

保健食品、特殊医学用途配方食品、婴幼儿配方乳粉生产企业应当按照注册或者备案的产品配方、生产工艺等技术要求组织生产。

生产保健食品，特殊医学用途配方食品、婴幼儿配方食品和其他专供特定人群的主辅食品的企业，应当按照良好生产规范的要求建立与所生产食品相适应的生产质量管理体系，定期对该体系的运行情况进行自查，保证其有效运行，并向所在地县级人民政府食品药品监督管理部门提交自查报告。

第八章

食品检验制度

随着国家和社会的快速发展，人们的生活水平有了很大的提高，开始从过去的"吃得饱"转向"吃得好"，越来越注重食品的安全问题。但与此同时，我国食品行业在逐步规范化发展的过程中，也出现了不少食品安全问题，甚至出现了一些有关食品安全的"热点事件"，突显出该领域法律制度的不足。当前，我国食品行业的主要问题还是集中在食品质量的提升、食品安全的保障、加工食品有害物质残留的减少等这些问题上。食品安全不能仅仅依靠于食品生产者的自觉，而更应该由政府承担起责任，主动对食品安全问题进行监管。食品监管有很多手段，其中食品检验这一环节显得尤为重要。食品检验活动直接关系到监管工作的进行，可以说，有效的监管工作大多依赖于食品检验的结果。"三鹿奶粉事件"发生后，食品安全问题越来越被人们所关注。[①] 食品安全问题的产生与食品生产者藐视法律、食品监管部门执法不力、食品检验追责不彻底有很大关系。我国法律早在20世纪就对食品检验做出了规定，为加强食品监督提供了有力的保障，这也是世界通行的做法。《中华人民共和国食品安全法》规定的原料进货查验记录制度、出厂检验记录制度、食品安全风险评估制度都是建立在食品检验制度的基础之上的。食品检验的任务主要是根据制定的技术标准，运用现代科学技术和监测分析手段，对食品工业生产的原料、辅助材料、半成品、包装材料及成品进行监测和检验，从而对产品的品质、营养、安全与卫生等方面做出评定。[②] 如果离开了食品检验制度，人们将无法得知进入市场流通的食品是否安全，是否会对身体健康产生负面的影响，这将直接

---

① "三鹿奶粉事件"之后，引发了人们对于食品安全的广泛关注和讨论，相关的研究有很多。例如，冯铁娟，汪琪，张雯：《由三鹿奶粉事件分析我国食品安全管理问题》，载《中国公共卫生管理》2009年第23卷第6期，第592-594页。

② 徐金瑞，叶蔚云，胡坤，等：《〈食品检验〉实验教学改革的几点建议》，载《教育医学探索》2008年第7卷第3期，第243-244页。

影响党和政府在人们心中的形象。鉴于此,构建一个从食品生产源头到最终进入市场销售的食品检验制度显得尤为重要。

第一节 食品检验概述

食品检验是为了保障人们饮食安全,而专门针对食品所开展的一项检验活动,其概念分为广义和狭义两种。食品检验涉及多个方面,包括检验主体、对象、方法、性质等,所以检验活动具有多重特性。食品检验制度能否良好运行,直接关系到食品安全问题,影响到人们的身体健康,可谓意义重大。

一、食品检验的概念

所谓"检验",指的是使用工具、仪器或者借助其他分析方法检查各种原料、半成品、成品是否符合某种规定或标准的活动。"检验"既包括内部检验,也包括外部检验。对物体质量成色的检验称为内部检验,对物体外观重量的检验称为外部检验。外部检验一般通过观察、称重等简单方法即可进行,不会对物体本身造成破坏,而内部检验大多需要通过技术手段对物体进行取样,并在对样本进行试验分析的基础上得出结论。

食品检验是专门针对食品进行的检验活动,是"检验"的类型之一。食品检验的含义有广义和狭义之分。广义上的食品检验通常是指研究和评定食品质量及其变化的一门科学,它依据物理、化学、生物化学的一些基本理论和各种技术,按照制定的技术标准,对原料、辅助材料、成品的质量进行检验。广义上的食品检验活动的内容十分丰富,包括食品营养成分分析,食品中污染物分析,食品辅助材料及食品添加剂分析,食品感官鉴定等。而狭义上的食品检验通常是指依法取得检验资质的食品检验机构,根据食品安全法律法规、食品安全标准和技术法规的规定,运用科学的检验技术和方法,对食品及其相关产品的安全质量等做出评定的活动。① 本教材中的食品检验使用的为狭义上的概念。

二、食品检验的特点

食品监管工作为食品安全提供保障,而食品监管工作的开展离不开食品检验的结果。作为食品质量安全监督的重要手段,食品检验有以下特征。

---

① 汪江连,彭飞荣:《食品安全法教程》,厦门大学出版社 2011 版,第 233 页。

(一)食品检验主体的多样性

食品检验的主体分为三类:第一类是属于国家行政机关,直接由国家设立,隶属于国家。例如,中国检验认证集团是经国务院批准成立,在国家工商总局登记注册,迄今为止唯一的带“中国”字头以“检验、鉴定、认证、测试”为主业的跨国检验认证机构。第二类是民间设立的社会机构,它独立于国家,属于个人。例如,上海英格尔认证检测集团,其拥有专业的实验室可进行食品检验。最后一类是企业内部的检验机构,这类机构由食品生产企业设立,主要作用是检验本企业生产的未进入市场流通的食品。例如,双汇集团肉类加工基地所配套的食品检验室,用于检验其所生产的肉制品。

(二)食品检验对象的复杂性

食品检验的对象有食品原料、食品添加剂、半成品、食品及相关产品的成分、质量、安全性等。检验对象涵盖了从采购原料,食品生产,到食品制成品的整个过程。食品检验对象的复杂性,决定了必须采取有针对性的科学方法进行检验,以此保障食品生产整个流程不出现问题,切实为食品安全保驾护航。

(三)食品检验方法的科学性

如前所述,食品检验既有外部检验,也有内部检验,必须针对不同的检验对象采取不同的方法。食品检验的方法主要有感官检验法、理化检验法、微生物检验法等方法。食品检验属于技术性活动,这决定了食品检验方法具有科学性、严谨性、专业性的特点。也正是由于这个原因,从事食品安全检验的检验人员必须是专门的技术人员,且需要在科学指导下从事检验活动。

(四)食品检验行为性质的双重性

由于食品检验主体的多样性,使实践中的食品检验行为在性质上具有双重性,食品检验行为既可能属于民事行为的性质,也可能属于行政行为的性质。换句话说,基于不同检验主体的检验活动,食品检验行为的性质是不同的。

1. 食品检验机构的检验行为

食品检验机构接受食品监管部门或食品生产者委托对食品进行检验时,食品检验机构的检验行为是基于民事委托而进行的。此时食品检验机构与委托方是平等的民事主体关系,食品检验机构基于民事合同在委托方要求下而进行的检验活动,因此该检验行为属于民事行为。但当食品生产者对检验结果不服而提出复检要求时,由复检机构进行的检验行为则属于行政行为。复检行为与上述检验行为有着很大的区别,复检的目的是为了解决食品生产者与食品监管部门关于食品检验结论的分歧,而受企业委托的检验机构进行的检验行为只是为了检验食品是否合格。复检是由对食品检验结果不服的食品生产者提出而进行的,而上述的检验行为是因检验机构受食品生产者委托而进行的。复检的结论可以作为行政强制的依据,具有行政法律效果。上述检验机构检验结论的法律效力只存在于民事法律关系中。

2. 食品监管部门的检验行为

食品监管部门的检验行为是行政主体基于公共利益的需要,判断被检测的食品是否安全及食品生产经营者的行为是否符合法律要求,此行为的性质是行政确认行为。① 食品监管部门的检验行为分为两种:一种是食品监管部门独自进行的快速检测,即使用符合法律规定的食品安全快速检测技术所进行的检测,能够及时地发现不符合安全标准的食品,但是此种检测结果不能作为其执法的依据;另一种是由食品监管部门委托食品检验机构进行的检验,检验机构得出的结论与食品监管部门进行快速检验得出的结论在法律效力上是不同的,检验机构得出的结论可作为执法的依据。

三、食品检验的意义

食品检验是食品安全监督管理的基础,是食品安全监督管理的重要技术手段,在查验不合格食品、有毒食品和预防食源性疾病的发生等方面起着积极作用。食品安全监管部门可以通过定期和不定期的食品抽检来检验在市场上流通的食品的安全状况,根据食品检验报告对食品企业采取一定的行政处罚等措施,促使食品企业改善食品质量。② 进而督促食品生产经营者进一步规范自己的行为。

(一)食品检验是食品安全的有力保障

食品是人们生存所必需的产品,食品的安全性关系到人们的身体健康乃至生命安全。食品检验活动是食品进入市场流通的最后一个环节,因此食品检验必须严格按照法律规定的程序进行。食品检验主体通过对食品的原料、添加剂、成分的质量和安全性进行检验,根据检验的结果认定食品是否符合质量标准,剔除市场中不符合食品质量标准的产品,保证进入市场的食品是安全健康的。

(二)食品检验利于规范食品市场

食品检验在食品市场监督管理中具有不可替代的作用,食品检验通过技术手段及时发现市场中不符合安全生产标准的食品并将其及时剔除,以净化食品市场。因此,食品监管部门必须按照法律规定严格进行食品检验活动,及时地发现问题、找到原因并解决问题,监督食品生产企业依法生产,监督食品经营企业依法经营,从而推动整个食品行业的健康良性发展。

---

① 欧元军:《食品检验行为的法律属性探究》,载《西南交通大学学报》(社会科学版)2012年第6期,第136-141页。

② 汪江连,彭飞荣:《食品安全法教程》,厦门大学出版社2011年版,第235页。

(三)食品检验有利于促进社会发展

作为一个国家食品安全科学发展的标志,食品检验水平是国家食品安全监管能力的重要体现。目前我国食品安全问题处于矛盾凸显期,食品安全事故时有发生,艰巨的食品监管任务对于食品监管部门来说具有很强的挑战性。食品安全问题涉及民生,与社会发展直接挂钩,关乎党和政府在人们心目中的形象。“民以食为天”,食品安全问题不容小觑;一旦发生食品安全问题,甚至还会影响社会稳定。食品检验的目的就是为了确保食品安全,有效地降低食品安全问题的发生,保障人们的身体健康安全,提升人们的幸福感,以利于社会的和谐发展。

第二节　食品检验主体

食品检验活动是由一定的机构或组织进行的,它们被统称为“食品检验主体”。食品检验主体涉及食品安全监督管理部门、食品生产经营者、食品检验机构、食品行业协会组织和消费者。而在不同种类的食品检验中,食品检验的机构也不尽相同。广义上的食品检验主体包括食品检验机构及其人员、工商管理部门、食品药品监督管理部门、食品行业协会、食品生产经营企业等进行特定的食品检验行为的个人和组织。而狭义的食品检验主体则是我国《食品安全法》所规定的按照国家有关认证认可,取得了资质认定的食品检验机构及其检验人员或具备出厂检验能力的食品生产经营企业。①

一、食品检验机构

根据《食品安全法》第 89 条的规定,食品检验主体包括食品检验主体和食品检验委托主体。食品检验机构是具备出厂检验能力的食品生产经营企业,是依法享有检查权利的主体,食品安全监督管理部门、食品行业协会以及消费者等是享有食品检验委托权利的主体。食品检验机构是食品安全监管工作开展的重要组织保障,其工作直接影响到食品安全监管机制是否有效运行。因此,对检验机构进行资质认定,是保障食品质量安全的基础性制度。食品检验机构作为食品质量安全监督活动的参与者,对其是否具有检验资格进行认定是十分有必要的。

(一)食品检验机构的资质认定

1. 资质认定的管理部门

食品检验机构资质认定工作由国家质检总局进行统一管理。食品检验机构资

---

① 倪楠:《食品安全法研究》,中国政法大学出版社 2013 年版,第 173 页。

质的认定实施、日常监管、协调由国家认证认可的监督管理委员会负责。省级质量技术监督部门按照分工，负责各自管辖区域范围内的食品检验机构资质认定实施和日常监管活动。《食品检验机构资质认定管理办法》(总局第165号令)[①]中规定，国务院有关主管部门所属和经其批准设立的食品检验机构资质认定，由国家认证认可监督管理委员会负责实施；除上述机构外的食品检验机构资质认定，由省级质量监督部门负责实施。[②]

2. 资质认证的条件

《食品安全法》第84条规定，食品检验机构的资质认定条件和检验规范，由国务院食品安全监督管理部门规定。《食品检验机构资质认定管理办法》(2015年修订)第8条规定，食品检验机构应当符合国务院食品药品监督管理部门规定的资质认定条件。卫生部发布的《食品检验机构资质认定条件》(卫监督发〔2010〕29号)对食品检验机构在机构设置、质量体系、人员、环境设施、仪器设备、标准物质等方面都做出了要求。

(1)组织机构条件。根据《食品检验机构资质认定条件》的相关规定：食品检验机构应当是依法设立(注册)或相对独立的检验机构，能够承担法律责任。[③] 非独立法人食品检验机构应当由其法人机构的法定代表人或其授权人员负责并承担责任。[④] 食品检验机构应当使用正式聘用的检验人员，检验人员只能在一个食品检验机构中执业。食品检验机构不得聘用法律法规规定禁止从事食品检验工作的人员。[⑤] 开展动物试验的食品检验机构，应当取得省级以上实验动物管理部门颁发的《实验动物环境设施合格证书》；自产自用动物的检验机构必须具有《实验动物生产许可证》和《实验动物质量合格证》。[⑥]

(2)检验能力条件。食品检验机构应当具备下列一项或多项检验能力：①能对某类或多类食品相关食品安全标准所规定的检验项目进行检验，包括物理、化学与全部微生物项目，也包括对食品中添加剂与营养强化剂的检验；②能对某类或多类食品添加剂相关食品安全标准所规定的检验项目进行检验，包括物理、化学与全部微生物项目；③能对某类或多类食品相关产品的食品安全标准所规定的检验项目进行检验，包括物理、化学与全部微生物项目；④能对食品中污染物、农药残留、

---

① 《食品检验机构资质认定管理办法》(根据2015年4月27日国家质量监督检验检疫总局局务会议审议通过的《国家质量监督检验检疫总局关于修改〈食品检验机构资质认定管理办法〉的决定》修正)。

② 《食品检验机构资质认定管理办法》第9条。

③ 《食品检验机构资质认定条件》第5条。

④ 《食品检验机构资质认定条件》第6条。

⑤ 《食品检验机构资质认定条件》第7条。

⑥ 《食品检验机构资质认定条件》第8条。

兽药残留等通用类食品安全标准或相关规定要求的检验项目进行检验；⑤能对食品安全事故致病因子进行鉴定；⑥能为食品安全风险评估和行政许可进行食品安全性毒理学评价；⑦能开展《食品安全法》规定的其他检验活动。[①]

(3)质量管理条件。食品检验机构应当按照《食品检验工作规范》的要求，建立和实施与其所开展的检验活动相适应的质量管理体系。[②] 食品检验机构应当依据《食品安全法》，针对所开展的检验活动，制定相应的检验责任追究制度、检验资料档案管理制度和食品安全事故应急检验预案等。[③] 承担政府委托监督抽检、食品安全风险监测与评估等任务的食品检验机构还应当制定相应的工作制度。[④]

(4)检验工作人员的条件。食品检验机构应当具备与其所开展的检验活动相适应的检验人员和技术管理人员。[⑤] 检验人员和技术管理人员应当熟悉《食品安全法》及其相关法律法规和有关食品安全标准、检验方法原理，掌握检验操作技能、标准操作程序、质量控制要求、实验室安全与防护知识、计量和数据处理知识等。[⑥] 检验人员和技术管理人员应当接受《食品安全法》及其相关法律法规、质量管理和有关专业技术培训、考核，并持有培训考核合格证明。[⑦] 从事动物试验的检验人员应当取得《动物实验从业人员岗位证书》；从事特殊检验项目(辐射、基因检测)的人员应当符合相关法律法规的规定要求。[⑧] 从事食品检验活动的人员应当持证上岗。检验人员中具有中级以上(含中级)专业技术职称或同等能力人员的比例应当不少于30%。[⑨] 食品检验机构技术管理人员应当熟悉业务，具有相关专业的中级以上(含中级)技术职称或同等能力，从事食品检验相关工作3年以上。[⑩]

(5)设施和设备的条件。食品检验机构应当具备固定的检验工作场所以及专用于食品检验活动所需的冷藏和冷冻、数据处理与分析、信息传输设施和设备等工作条件。[⑪] 食品检验机构的基本设施和工作环境应当满足检验方法、仪器设备正常运转、技术档案贮存、样品制备和贮存、防止交叉污染、保证人身健康和环境保护等要求。实验区应当与非实验区分离。对互有影响的相邻区域应当有效隔离，明

---

① 《食品检验机构资质认定条件》第9条。
② 《食品检验机构资质认定条件》第10条。
③ 《食品检验机构资质认定条件》第11条。
④ 《食品检验机构资质认定条件》第12条。
⑤ 《食品检验机构资质认定条件》第13条。
⑥ 《食品检验机构资质认定条件》第14条。
⑦ 《食品检验机构资质认定条件》第15条。
⑧ 《食品检验机构资质认定条件》第16条。
⑨ 《食品检验机构资质认定条件》第17条。
⑩ 《食品检验机构资质认定条件》第18条。
⑪ 《食品检验机构资质认定条件》第19条。

示需要控制的区域范围。①

微生物实验室应当配备生物安全柜，涉及病原微生物的实验活动应当依据国务院《病原微生物实验室生物安全管理条例》在相应级别的生物安全实验室进行。②

开展动物实验的食品检验机构应当满足以下条件：有温度、湿度、通风及照明控制等环境监控设施；有独立实验动物检疫室；有与开展动物实验项目相适应的消毒灭菌设施；有收集和卫生放置动物排泄物及其他废弃物的设施；有用于分离饲养不同种系及不同实验项目动物、隔离患病动物等所需的独立空间；开展挥发性物质、放射性物质或微生物等特殊动物实验的食品检验机构应当配备特殊动物实验室，并配备相应的防护设施（包括换气及排污系统），并与常规动物实验室完全分隔。③

毒理实验室应当配备符合环保要求的用于阳性对照物的贮存和处理的设施。开展体外毒理学检验的实验室应当有足够的独立空间分别进行微生物和细胞的遗传毒性实验，且符合国家有关实验室生物安全的相关要求。④

食品检验机构应当有防止原始数据记录与报告损坏、变质和丢失的措施。如运用计算机与信息技术或自动设备系统对检测数据、信息资料进行采集、处理、分析、记录、报告或存贮时，应当有保障其安全性、完整性的措施，并符合《食品检验工作规范》的要求。⑤

（6）仪器设备和标准物质条件⑥。食品检验机构应当配备满足所开展的检验活动必需的仪器设备、样品前处理装置以及标准物质（参考物质）或标准菌（毒）种等。

食品检验机构使用仪器设备（包括软件）、标准物质（参考物质）或标准菌（毒）种等有专人管理，满足溯源要求。

3. 资质认定的程序⑦

食品检验机构的资质认定的程序，主要包括以下几个步骤。

（1）提出申请。申请资质认定的食品检验机构，应当向国家认证认可监督管理委员会或者省级食品安全监督管理部门提出书面申请，并提交符合《食品检验机构资质认定管理办法》第八条规定的相关证明材料，申请材料应当真实有效。

---

① 《食品检验机构资质认定条件》第 20 条。

② 《食品检验机构资质认定条件》第 21 条。

③ 《食品检验机构资质认定条件》第 22 条。

④ 《食品检验机构资质认定条件》第 23 条。

⑤ 《食品检验机构资质认定条件》第 24 条。

⑥ 《食品检验机构资质认定条件》第 25 条、第 26 条。

⑦ 《食品检验机构资质认定管理办法》第 10 条。

(2)决定是否受理。资质认定部门应当对申请人提交的申请材料进行书面审查,并自收到材料之日起5个工作日内做出受理或者不予受理的书面决定;申请材料不齐全或者不符合法定形式的,应当一次性告知申请人需要补正的全部内容。

(3)评审申请。资质认定部门应当自受理申请之日起45个工作日内,对申请人完成技术评审工作,评审时间不计算在做出批准的期限内。

(4)做出决定。资质认定部门应当自技术评审完结之日起20个工作日内,对技术评审结果进行审查,并做出是否批准的决定。决定批准的,自批准之日起10个工作日内,向申请人颁发资质认定证书,并准许其使用资质认定标志;不予批准的,应当书面告知申请人,并说明理由。

(5)公布名录。国家认证认可监督管理委员会和省级食品安全监督管理部门应当定期公布依法取得资质认定的食品检验机构名录及其检验范围、技术能力等信息,并向公众提供查询渠道。①

4. 资质变更和紧急情况的处理

根据《食品检验机构资质认定管理办法》第14条的规定,有下列情形之一的,食品检验机构应当依法向资质认定部门申请办理相关变更手续:①食品检验机构变更资质认定检验项目、检验方法的;②食品检验机构名称、地址、法定代表人、授权签字人以及技术管理者发生变化的;③食品检验机构发生其他重大事项变化的。

食品检验机构申请增加资质认证检验项目的,资质认证部门应当按照资质认定程序的规定办理。但因发生重大的食品安全事故或出现重大食品安全问题,食品检验机构需要临时增加检验项目的,资质认定部门应及时启动临时应急预案,并向社会公布符合资质要求的食品检验机构名单。②

5. 对检验机构的技术审核

《食品检验机构资质认定管理办法》第三章对技术评审做出了具体规定,包括技术评审机构和人员、技术评审考核方法、监督检查等事项。

(1)评审机构和人员。国家认监委根据国家有关法律法规,国务院食品药品监督管理部门、国务院卫生行政部门规定的资质认定条件、相关国家标准的规定,制定食品检验机构资质认定评审准则。③

资质认定部门应当按照评审准则的要求,组成技术评审组,对申请人的基本条件、管理体系和检验能力等资质条件的符合性情况进行技术评审。技术审核小组应由两名以上的审核人员组成,如有必要,可聘请技术专家参与审核。④ 从事技术

---

① 《食品检验机构资质认定管理办法》第11条。
② 《食品检验机构资质认定管理办法》第15条。
③ 《食品检验机构资质认定管理办法》第16条。
④ 《食品检验机构资质认定管理办法》第17条。

评审的人员应当具有食品检验、科研或者管理等方面的工作经历和与评审工作相适应的能力，并经资质认定部门考核合格。①

(2)技术评审考核方法。技术评审组对申请人的检验能力进行评审时，应当审查确认申请人具备相关能力验证、比对试验、测量审核的证明；需要进行现场试验的，应当按照评审准则的要求进行考核。② 技术评审组应当按照评审准则规定的时限组织评审，评审发现有不符合项的，技术评审组应当书面通知申请人限期整改，整改期限不得超过30个工作日。逾期不整改或者整改后仍不符合要求的，判定为评审不合格。技术评审组完成评审后，应当提出评审意见并制作评审报告，及时报送资质认定部门。③ 技术评审组实施评审中发现申请人存在重大问题的，应当及时向资质认定部门报告。技术评审组组长应当对评审活动和评审结论负责，评审人员应当对其所承担的评审工作负责。④

(3)监督检查⑤。食品检验机构资质认定技术评审组以及评审人员的评审活动应受到资质认证部门的监督检查，并且资质认证部门应当对评审人员进行专业技能培训，以提高评审人员的评审能力。评审人员有下列情形之一的，资质认定部门应当根据情节轻重，对其做出暂停或者停止从事评审的处理决定：①未依照食品检验机构资质认定评审准则的规定实施评审活动的；②同时对同一申请人既实施评审又提供咨询的；③与申请人有利害关系或者其评审可能对公正性产生影响，未进行回避的；④透露工作中所知悉的国家秘密、商业秘密和技术秘密的；⑤收受当事人礼金、有价证券以及谋取其他不当利益的；⑥出具虚假或者不实评审结论的；⑦违反国家有关规定的其他行为。

(二)食品检验机构的监管规定

1. 监督管理主体

国家质量监督检验检疫总局应统一监督管理食品检验机构的相关检验活动。国家认证认可监督管理委员会负责组织对取得资格的食品检验机构的监督检查，发现食品检验机构违反了法律法规，应当予以查处，涉及国务院有关部门职责的，及时通报有关部门并协调处理。⑥

国家认监委应当对省级质量监督部门实施的食品检验机构资质认定工作进行监督、指导。省级质量监督部门应当组织地(市)、县级质量监督部门对所辖区域

---

① 《食品检验机构资质认定管理办法》第18条。
② 《食品检验机构资质认定管理办法》第19条。
③ 《食品检验机构资质认定管理办法》第20条。
④ 《食品检验机构资质认定管理办法》第21条。
⑤ 《食品检验机构资质认定管理办法》第22条、第23条。
⑥ 《食品检验机构资质认定管理办法》第24条。

内的食品检验机构进行监督检查或者专项监督检查,地(市)、县级质量监督部门应当对所辖区域内的食品检验机构进行日常监督,发现违法行为的,及时查处。省级质量监督部门应当将所辖区域内违法行为的处理结果上报国家质检总局、国家认监委。各直属出入境检验检疫局应当对所属食品检验机构进行日常监督管理,发现违规行为的,及时整改处理,重大事项及时上报。①

2. 资质证书的注销

食品检验机构有下列情形之一的,资质认定部门应当依法办理资质认定证书注销手续:①资质认定证书有效期届满,未申请延续的;②资质认定证书有效期届满,经复查不符合延续批准决定的;③食品检验机构依法终止的;④法律法规规定的应当注销的其他情形。②

二、食品生产企业

《食品安全法》第89条规定:"食品生产企业可以自行对所生产的食品进行检验,也可以委托符合本法规定的食品检验机构进行检验。"因此,在食品检验活动中食品生产企业既可以是主动对其生产产品的检验者,也可以是委托食品检验机构的委托者,在不同检验活动中具有不同身份。

《食品安全法》第50条规定:"食品生产者采购食品原料、食品添加剂、食品相关产品,应当查验供货者的许可证和产品合格证明;对无法提供合格证明的食品原料,应当按照食品安全标准进行检验;不得采购或者使用不符合食品安全标准的食品原料、食品添加剂、食品相关产品。食品生产企业应当建立食品原料、食品添加剂、食品相关产品进货查验记录制度,如实记录食品原料、食品添加剂、食品相关产品的名称、规格、数量、生产日期或者生产批号、保质期、进货日期以及供货者名称、地址、联系方式等内容,并保存相关凭证。记录和凭证保存期限不得少于产品保质期满后六个月;没有明确保质期的,保存期限不得少于二年。"该规定明确了食品生产企业的责任,有利于规范其生产行为,提高食品生产企业的安全责任意识,从源头上减少了食品安全问题产生的可能性,更好地保障人民群众的饮食健康。

① 《食品检验机构资质认定管理办法》第25条。
② 《食品检验机构资质认定管理办法》第30条。

第三节 食品检验方式

在食品生产过程中，原料的质量好坏具有不确定性；即使在保证原料质量的前提下，生产过程中也可能会出现不可预测的情况。食品生产者以前生产的产品质量不能与以后生产的产品质量画等号。这就决定了对食品生产过程进行逐次严格检验的必要性。也由于这个原因，现阶段我国《食品安全法》取消了食品免检制度，加强了对食品安全的监管，以更好的保障人民群众的身体健康和生命安全。经国家市场监督管理总局局务会议审议通过，并于 2019 年 10 月 1 日开始施行的《食品安全抽样检验管理办法》中规定了对食品进行抽样检验的方式。[①] 同时，《食品安全法》第 87 条明确规定了县级以上人民政府食品安全监督管理部门应当对食品进行定期或者不定期的抽样检验，第 89 条规定了食品生产企业可以自行对所生产的食品进行检验，也可以委托符合本法规定的食品检验机构进行检验。

一、抽样检验

在现阶段，国家食品监管部门主要实施食品经营许可证管理及“双随机、一公开”的监督抽检制度。根据相关学者的研究成果显示，在 2017 年，国家食品药品监督管理总局抽检流通环节经营企业 30 922 家，抽检 134 101 批次，覆盖专卖店、农贸市场、菜市场、商场、超市、小食杂店、批发市场等各类食品流通经营场所，食品流通环节抽检的合格率为 97.8%，同比提高 1 个百分点。[②] 同时，该研究成果还显示，监督抽检餐饮环节，覆盖了小吃店、集体用餐配送单位、企事业与党政机关单位食堂、餐馆、学校/托幼食堂、快餐店、饮品店、中央厨房等各种不同的餐饮场所，合格率为 97.1%，虽然有所波动，但比 2014 年提高了 3 个百分点。抽检制度的良好运行效果可见一斑。

（一）抽样检验的类型

食品抽样检验按照相关法律规定，可以分为两类：一类是日常的定期或不定期的抽查检验。这种检查是一种日常食品监管措施。定期抽样检验主要是指各监管

---

① 《食品安全抽样检验管理办法》（2019 年 7 月 30 日经国家市场监督管理总局 2019 年第 11 次局务会议审议通过，自 2019 年 10 月 1 日起施行。）

② 吴林海，尹世久，陈秀娟，浦徐进，王建华：《从农田到餐桌，如何保证“舌尖上的安全”——我国食品安全风险治理及形势分》，载《中国食品安全治理评论》2018 年第 1 期，第 236–237 页。

部门根据职责范围和工作的需要，在确定的时间内对食品进行抽样检验。定期抽检和不定期抽检的区别主要在于：定期抽检是常规性的工作安排，具有确定性；不定期抽检是根据特殊情况如季节性、节日性的食品进行抽检，具有灵活性。另一类是执法中的抽样检验，即食品安全监管机关在食品安全行政执法过程中，对于食品的质量安全状况是否符合有关的法规和标准而进行的抽检。

（二）抽样检验的法律规定

1. 检验计划

根据《食品安全抽样检验管理办法》第 8 条的规定，国家市场监督管理总局根据食品安全监管工作的需要，制订全国性食品安全抽样检验年度计划。县级以上地方市场监督管理部门应当根据上级市场监督管理部门制订的抽样检验年度计划并结合实际情况，制订本行政区域的食品安全抽样检验工作方案。市场监督管理部门可以根据工作需要不定期开展食品安全抽样检验工作。

食品安全抽样检验工作计划应当包括下列内容：抽样检验的食品品种；检验项目、检验方法、判定依据等检验工作要求；检验结果的汇总分析及报送方式和时限；法律、法规、规章规定的其他要求。[①] 下列食品应当作为食品安全抽样检验工作计划的重点：风险程度高以及污染水平呈上升趋势的食品；流通范围广、消费量大、消费者投诉举报多的食品；风险监测、监督检查、专项整治、案件稽查、事故调查、应急处置等工作表明存在较大隐患的食品；专供婴幼儿、孕妇、老年人等特定人群食用的主辅食品；学校和托幼机构食堂以及旅游景区餐饮服务单位、中央厨房、集体用餐配送单位经营的食品；有关部门公布的可能违法添加非食用物质的食品；已在境外造成健康危害并有证据表明可能在国内产生危害的食品；其他应当作为抽样检验工作重点的食品。[②]

2. 抽样流程

市场监督管理部门可以自行抽样或者委托承检机构抽样。食品安全抽样工作应当遵守随机选取抽样对象、随机确定抽样人员的要求。县级以上地方市场监督管理部门应当按照上级市场监督管理部门的要求，配合做好食品安全抽样工作。[③] 食品安全抽样检验应当支付样品费用。[④] 抽样单位应当建立食品抽样管理制度，明确岗位职责、抽样流程和工作纪律，加强对抽样人员的培训和指导，保证抽样工作质量。抽样人员应当熟悉食品安全法律、法规、规章和食品安全标准等的相关规

---

① 《食品安全抽样检验管理办法》第 9 条。

② 《食品安全抽样检验管理办法》第 10 条。

③ 《食品安全抽样检验管理办法》第 11 条。

④ 《食品安全抽样检验管理办法》第 12 条。

定。[①] 抽样人员执行现场抽样任务时不得少于 2 人，并向被抽样食品生产经营者出示抽样检验告知书及有效身份证明文件。由承检机构执行抽样任务的，还应当出示任务委托书。案件稽查、事故调查中的食品安全抽样活动，应当由食品安全行政执法人员进行或者陪同。承担食品安全抽样检验任务的抽样单位和相关人员不得提前通知被抽样食品生产经营者。[②]

抽样人员现场抽样时，应当记录被抽样食品生产经营者的营业执照、许可证等可追溯信息。抽样人员可以从食品经营者的经营场所、仓库以及食品生产者的成品库待销产品中随机抽取样品，不得由食品生产经营者自行提供样品。抽样数量原则上应当满足检验和复检的要求。[③] 风险监测、案件稽查、事故调查、应急处置中的抽样，不受抽样数量、抽样地点、被抽样单位是否具备合法资质等限制。[④]

食品安全监督抽检中的样品分为检验样品和复检备份样品。现场抽样的，抽样人员应当采取有效的防拆封措施，对检验样品和复检备份样品分别封样，并由抽样人员和被抽样食品生产经营者签字或者盖章确认。抽样人员应当保存购物票据，并对抽样场所、贮存环境、样品信息等通过拍照或者录像等方式留存证据。[⑤] 市场监督管理部门开展网络食品安全抽样检验时，应当记录买样人员以及付款账户、注册账号、收货地址、联系方式等信息。买样人员应当通过截图、拍照或者录像等方式记录被抽样网络食品生产经营者信息、样品网页展示信息，以及订单信息、支付记录等。抽样人员收到样品后，应当通过拍照或者录像等方式记录拆封过程，对递送包装、样品包装、样品储运条件等进行查验，并对检验样品和复检备份样品分别封样。[⑥]

抽样人员应当使用规范的抽样文书，详细记录抽样信息。记录保存期限不得少于 2 年。现场抽样时，抽样人员应当书面告知被抽样食品生产经营者依法享有的权利和应当承担的义务。被抽样食品生产经营者应当在食品安全抽样文书上签字或者盖章，不得拒绝或者阻挠食品安全抽样工作。[⑦]

现场抽样时，样品、抽样文书以及相关资料应当由抽样人员于 5 个工作日内携带或者寄送至承检机构，不得由被抽样食品生产经营者自行送样和寄送文书。因客观原因需要延长送样期限的，应当经组织抽样检验的市场监督管理部门同意。对有特殊贮存和运输要求的样品，抽样人员应当采取相应措施，保证样品贮存、运

① 《食品安全抽样检验管理办法》第 13 条。
② 《食品安全抽样检验管理办法》第 14 条。
③ 《食品安全抽样检验管理办法》第 15 条。
④ 《食品安全抽样检验管理办法》第 16 条。
⑤ 《食品安全抽样检验管理办法》第 17 条。
⑥ 《食品安全抽样检验管理办法》第 18 条。
⑦ 《食品安全抽样检验管理办法》第 19 条。

输过程符合国家相关规定和包装标示的要求,不发生影响检验结论的变化。[①]

抽样人员发现食品生产经营者涉嫌违法、生产经营的食品及原料没有合法来源或者无正当理由拒绝接受食品安全抽样的,应当报告有管辖权的市场监督管理部门进行处理。[②]

3. 检验与报送结果

食品安全抽样检验的样品由承检机构保存。承检机构接收样品时,应当查验、记录样品的外观、状态、封条有无破损以及其他可能对检验结论产生影响的情况,并核对样品与抽样文书信息,将检验样品和复检备份样品分别加贴相应标识后,按照要求入库存放。对抽样不规范的样品,承检机构应当拒绝接收并书面说明理由,及时向组织或者实施食品安全抽样检验的市场监督管理部门报告。[③] 食品安全监督抽检应当采用食品安全标准规定的检验项目和检验方法。没有食品安全标准的,应当采用依照法律法规制定的临时限量值、临时检验方法或者补充检验方法。风险监测、案件稽查、事故调查、应急处置等工作中,在没有前款规定的检验方法的情况下,可以采用其他检验方法分析查找食品安全问题的原因。所采用的方法应当遵循技术手段先进的原则,并取得国家或者省级市场监督管理部门同意。[④] 食品安全抽样检验实行承检机构与检验人负责制。承检机构出具的食品安全检验报告应当加盖机构公章,并有检验人的签名或者盖章,承检机构和检验人对出具的食品安全检验报告负责。承检机构应当自收到样品之日起 20 个工作日内出具检验报告,市场监督管理部门与承检机构另有约定的,从其约定。未经组织实施抽样检验任务的市场监督管理部门同意,承检机构不得分包或者转包检验任务。[⑤]

食品安全监督抽检的检验结论合格的,承检机构应当自检验结论做出之日起 3 个月内妥善保存复检备份样品。复检备份样品剩余保质期不足 3 个月的,应当保存至保质期结束。检验结论不合格的,承检机构应当自检验结论做出之日起 6 个月内妥善保存复检备份样品。复检备份样品剩余保质期不足 6 个月的,应当保存至保质期结束。[⑥] 食品安全监督抽检的检验结论合格的,承检机构应当在检验结论做出后 7 个工作日内将检验结论报送组织或者委托实施抽样检验的市场监督管理部门。抽样检验结论不合格的,承检机构应当在检验结论做出后 2 个工作日内报告组织或者委托实施抽样检验的市场监督管理部门。[⑦]

---

① 《食品安全抽样检验管理办法》第 20 条。
② 《食品安全抽样检验管理办法》第 21 条。
③ 《食品安全抽样检验管理办法》第 22 条。
④ 《食品安全抽样检验管理办法》第 23 条。
⑤ 《食品安全抽样检验管理办法》第 24 条。
⑥ 《食品安全抽样检验管理办法》第 25 条。
⑦ 《食品安全抽样检验管理办法》第 26 条。

国家市场监督管理总局组织的食品安全监督抽检的检验结论不合格的,承检机构除按照相关要求报告外,还应当通过食品安全抽样检验信息系统及时通报抽样地以及标称的食品生产者住所地市场监督管理部门。地方市场监督管理部门组织或者实施食品安全监督抽检的检验结论不合格的,抽样地与标称食品生产者住所地不在同一省级行政区域的,抽样地市场监督管理部门应当在收到不合格检验结论后通过食品安全抽样检验信息系统及时通报标称的食品生产者住所地同级市场监督管理部门。同一省级行政区域内不合格检验结论的通报按照抽检地省级市场监督管理部门规定的程序和时限通报。通过网络食品交易第三方平台抽样的,除按照前两款的规定通报外,还应当同时通报网络食品交易第三方平台提供者住所地市场监督管理部门。① 食品安全监督抽检的抽样检验结论表明不合格食品可能对身体健康和生命安全造成严重危害的,市场监督管理部门和承检机构应当按照规定立即报告或者通报。案件稽查、事故调查、应急处置中的检验结论的通报和报告,不受本办法规定时限限制。②

县级以上地方市场监督管理部门收到监督抽检不合格检验结论后,应当按照省级以上市场监督管理部门的规定,在 5 个工作日内将检验报告和抽样检验结果通知书送达被抽样食品生产经营者、食品集中交易市场开办者、网络食品交易第三方平台提供者,并告知其依法享有的权利和应当承担的义务。③

4. 处理办法

食品生产经营者收到监督抽检不合格检验结论后,应当立即采取封存不合格食品,暂停生产、经营不合格食品,通知相关生产经营者和消费者,召回已上市销售的不合格食品等风险控制措施,排查不合格原因并进行整改,及时向住所地市场监督管理部门报告处理情况,积极配合市场监督管理部门的调查处理,不得拒绝、逃避。在复检和异议期间,食品生产经营者不得停止履行前款规定的义务。食品生产经营者未主动履行的,市场监督管理部门应当责令其履行。在国家利益、公共利益需要时,或者为处置重大食品安全突发事件,经省级以上市场监督管理部门同意,可以由省级以上市场监督管理部门组织调查分析或者再次抽样检验,查明不合格原因。④ 食品安全风险监测结果表明存在食品安全隐患的,省级以上市场监督管理部门应当组织相关领域专家进一步调查和分析研判,确认有必要通知相关食品生产经营者的,应当及时通知。接到通知的食品生产经营者应当立即进行自查,发现食品不符合食品安全标准或者有证据证明可能危害人体健康的,应当依照

---

① 《食品安全抽样检验管理办法》第 27 条。

② 《食品安全抽样检验管理办法》第 28 条。

③ 《食品安全抽样检验管理办法》第 29 条。

④ 《食品安全抽样检验管理办法》第 40 条。

《食品安全法》第63条的规定停止生产、经营，实施食品召回，并报告相关情况。食品生产经营者未主动履行前款规定义务的，市场监督管理部门应当责令其履行，并可以对食品生产经营者的法定代表人或者主要负责人进行责任约谈。①

食品经营者收到监督抽检不合格检验结论后，应当按照国家市场监督管理总局的规定在被抽检经营场所显著位置公示相关不合格产品信息。② 市场监督管理部门收到监督抽检不合格检验结论后，应当及时启动核查处置工作，督促食品生产经营者履行法定义务，依法开展调查处理。必要时，上级市场监督管理部门可以直接组织调查处理。县级以上地方市场监督管理部门组织的监督抽检，检验结论表明不合格食品含有违法添加的非食用物质，或者存在致病性微生物、农药残留、兽药残留、生物毒素、重金属，以及其他危害人体健康的物质严重超出标准限量等情形的，应当依法及时处理并逐级报告至国家市场监督管理总局。③ 调查中发现涉及其他部门职责的，应当将有关信息通报相关职能部门。有委托生产情形的，受托方食品生产者住所地市场监督管理部门在开展核查处置的同时，还应当通报委托方食品生产经营者住所地市场监督管理部门。④

市场监督管理部门应当在90日内完成不合格食品的核查处置工作。需要延长办理期限的，应当书面报请负责核查处置的市场监督管理部门负责人批准。⑤ 市场监督管理部门应当通过政府网站等媒体及时向社会公开监督抽检结果和不合格食品核查处置的相关信息，并按照要求将相关信息记入食品生产经营者信用档案。市场监督管理部门公布食品安全监督抽检不合格信息，包括被抽检食品名称、规格、商标、生产日期或者批号、不合格项目，标称的生产者名称、地址，以及被抽样单位名称、地址等。可能对公共利益产生重大影响的食品安全监督抽检信息，市场监督管理部门应当在信息公布前加强分析研判，科学、准确公布信息，必要时，应当通报相关部门并报告同级人民政府或者上级市场监督管理部门。任何单位和个人不得擅自发布、泄露市场监督管理部门组织的食品安全监督抽检信息。⑥

二、自行检验

《食品安全法》第89条规定，食品生产企业可以自行对所生产的食品进行检验。依照该规定，自行检验指的是食品的生产经营者可以对自己所生产或经营的

---

① 《食品安全抽样检验管理办法》第41条。
② 《食品安全抽样检验管理办法》第42条。
③ 《食品安全抽样检验管理办法》第43条。
④ 《食品安全抽样检验管理办法》第44条。
⑤ 《食品安全抽样检验管理办法》第45条。
⑥ 《食品安全抽样检验管理办法》第46条。

食品在进入流通市场前进行检验。

食品生产经营者作为食品的生产者和经营者,应当确保自己生产和经营的食品是安全的。依照《食品安全法》的相关规定,食品生产经营者对其生产经营食品的安全负责;食品生产经营者应当依照法律、法规和食品安全标准从事生产经营活动,保证食品安全。[①] 食品生产企业应当就下列事项制定并实施控制要求,保证所生产的食品符合食品安全标准:原料检验、半成品检验、成品出厂检验等检验控制。[②] 食品生产者采购食品原料、食品添加剂、食品相关产品,应当查验供货者的许可证和产品合格证明;对无法提供合格证明的食品原料,应当按照食品安全标准进行检验。[③] 食品生产企业应当建立食品出厂检验记录制度,查验出厂食品的检验合格证和安全状况,如实记录食品的名称、规格、数量、生产日期或者生产批号、保质期、检验合格证号、销售日期以及购货者名称、地址、联系方式等内容,并保存相关凭证。[④] 食品、食品添加剂、食品相关产品的生产者,应当按照食品安全标准对所生产的食品、食品添加剂、食品相关产品进行检验,检验合格后方可出厂或者销售。[⑤] 由此可见,食品生产经营者对自己生产经营的食品有检验的义务是有着明确的法律规定的,食品只有经过检验并检验合格后,才可出厂进行销售。

食品生产经营企业应当自觉履行食品检验义务,可以自行检验,也可委托检验。自行检验需要食品生产经营企业具备相应的检验能力,应该能满足以下要求:①有独立行使食品检验并具有质量否决权的内部检验机构;②检验机构有健全的产品质量管理制度,包括岗位质量规范、质量责任以及相应的考核办法;③检验机构具有相关产品技术标准要求的检验仪器和设备,能满足规定的精度、检测范围要求,且经过计量检定合格并在有效期内;④检验机构有满足检验工作需要的员工数量,检验人员熟悉标准,经培训考核合格;⑤能科学、公正、准确、及时地提供检验报告,出具产品质量检验合格证明。符合上述要求并可以完成全部出厂检验项目的企业,可以确定为具备企业出厂检验能力。如果有一项或一项以上的检验项目不能检验,则该厂不具备自行检验能力。不具备产品出厂检验能力的企业,可以委托有资质的检验机构进行检验。[⑥] 我国法律中对食品生产经营企业自行检验的义务是强制的,提高了企业食品安全意识,同时很大程度上从源头上减少了食品安全问题的发生。

---

① 《食品安全法》第4条。

② 《食品安全法》第46条。

③ 《食品安全法》第50条。

④ 《食品安全法》第51条。

⑤ 《食品安全法》第52条。

⑥ 全国人大常委会法制工作委员会行政法室:《中华人民共和国食品安全法解读》,中国法制出版社2015版,第153页。

三、委托检验

根据《食品安全法》的规定，委托检验可分为两种：一种是食品生产企业委托检验，即食品生产企业可以委托符合《食品安全法》规定的食品检验机构进行检验。另外一种是有关社会组织、消费者委托检验，即食品行业协会和消费者协会等组织、消费者需要也可以委托符合本法规定的食品检验机构进行检验。①

（一）食品生产企业委托检验

食品生产者有法律上的义务按照食品安全标准对其所生产的食品进行出厂检验，经检验合格后方可出厂销售。这是《食品安全法》对食品出厂检验的强制性要求，也是每一个食品生产者都必须进行的步骤。具备食品出厂检验的能力的企业，可以自行安排对其产品进行检验。但是，目前中国的微型企业占食品生产企业的比例很大，其中大部分都没有出厂检验的条件，所以很多企业都选择委托有资质的检验机构进行检验。

（二）有关社会组织、消费者委托检验

食品行业协会一般由食品生产企业、经销企业、原料供应企业及食品机械、包装等相关企业组成，属于非营利性社会团体法人。食品行业协会进行行业自律，主动对所属企业生产的食品进行检验，或者对监管部门进行的食品检验结果存有异议，食品行业协会协助企业进行检验的，应当委托符合《食品安全法》规定的食品检验机构进行检验。②

根据《消费者权益保护法》③第36条的规定，消费者协会和其他消费者组织是依法成立的对商品和服务进行社会监督的保护消费者合法权益的社会组织。《消费者权益保护法》规定消费者协会履行的公益性职责之一是受理消费者的投诉，并对投诉事项进行调查、调解。对投诉事项涉及商品和服务质量问题的，可以委托具备资格的鉴定人鉴定，鉴定人应当告知鉴定意见。④ 因此，消费者协会和其他消费者组织可以对消费者所购买的食品委托符合本法规定的食品检验机构进行

---

① 《食品安全法》第89条。

② 全国人大常委会法制工作委员会行政法室：《中华人民共和国食品安全法解读》，中国法制出版社2015版，第227页。

③ 《中华人民共和国消费者权益保护法》（1993年10月31日第八届全国人民代表大会常务委员会第四次会议通过；根据2009年8月27日第十一届全国人民代表大会常务委员会第十次会议《关于修改部分法律的决定》第一次修正；根据2013年10月25日第十二届全国人民代表大会常务委员会第五次会议《关于修改〈中华人民共和国消费者权益保护法〉的决定》第二次修正）。

④ 《消费者权益保护法》第37条。

检验。

当消费者购买食品出现问题时也可自行委托食品检验机构进行检验。根据《食品安全法》第 84 条规定，符合本法规定的食品检验机构出具的检验报告具有同等效力。①

四、复检

如果申请人不同意检查结论，就可以依法进行复检。《食品安全法》第 88 条规定对依照本法规定实施的检验结论有异议的，食品生产经营者可以自收到检验结论之日起 7 个工作日内向实施抽样检验的食品药品监督管理部门或者其上一级食品药品监督管理部门提出复检申请，由受理复检申请的食品药品监督管理部门在公布的复检机构名录中随机确定复检机构进行复检。复检机构出具的复检结论为最终检验结论。复检机构与初检机构不得为同一机构。复检机构名录由国务院认证认可监督管理、食品药品监督管理、卫生行政、农业行政等部门共同公布。采用国家规定的快速检测方法对食用农产品进行抽查检测，被抽查人对检测结果有异议的，可以自收到检测结果时起四小时内申请复检。复检不得采用快速检测方法。

（一）复检机构的选择

对于检验结论有异议的复检，修正前的《食品安全法》只做了原则性规定，2018 年修正后的《食品安全法》对不合格检验结论的复检程序做出了调整，目的在于防止实践中出现的当事人故意拖延时间、自行选择与其有利害关系的复检机构等其他可能借以帮助其免除法律惩罚的问题。修订后的《食品安全法》规定从已公布的复验机构中随机确定复审机构，不仅有利于防止当事人选择复审机构时可能出现的问题，同时也有利于防止管理部门规定复检机构所可能带来的腐败问题。尽量做到公平、客观地选择复检机构，进而保证复检的独立性。

（二）复检的申请期限

食品生产经营者对依照《食品安全抽样检验管理办法》的相关规定实施的监督抽检检验结论有异议的，可以自收到检验结论之日起 7 个工作日内，向实施监督抽检的市场监督管理部门或者其上一级市场监督管理部门提出书面复检申请。②由此可见，食品生产经营者提出复检申请的期限为自其收到检验结论之日起 7 个工作日内。

---

① 《食品安全法》第 84 条。

② 《食品安全抽样检验管理办法》第 30 条。

(三)复检的效力

复检机构出具的复检结论为最终检验结论,即便是复检申请人对复检机构出具的复检结论有异议的,也不可以再次申请复检。同时,也意味着复检机构出具的复检结论将成为行政机关对食品生产经营者做出行政行为的最终依据。

(四)不予复检的情形

食品生产经营者可以依照《食品安全抽样检验管理办法》的相关规定向实施监督抽检的市场监督管理部门或者其上一级市场监督管理部门提出书面复检申请。向国家市场监督管理总局提出复检申请的,国家市场监督管理总局可以委托复检申请人住所地省级市场监督管理部门负责办理。逾期未提出的,不予受理。[①] 不仅如此,《食品安全抽样检验管理办法》还规定了不予复检的情形:(一)检验结论显示微生物指标超标的;(二)复检备份样品超过保质期的;(三)逾期提出复检申请的;(四)其他原因导致备份样品无法实现复检目的的;(五)法律、法规、规章以及食品安全标准规定的不予复检的其他情形。[②]

(五)复检费用

复检相关费用由复检申请人先行垫付,复检结论与初检结论一致的,由复检申请人承担复检费用。复检结论与初检结论不一致的,实施监督抽检的市场监督管理部门承担复检费用。复检费用包括检验费用和样品递送产生的相关费用。[③]

(六)食用农产品的复检

针对食用农产品的特殊性,《食品安全法》第八十八条规定,采用国家规定的快速检测方法对食用农产品进行抽查检测,被抽查人对检测结果有异议的,可以自收到检测结果时起4小时内申请复检。[④] 由于复检机构出具的复检结论为最终检验结论,为保证复检的准确性和权威性复检不得采用快速检测方法,复检机构名录由国务院认证认可监督管理、食品药品监督管理、卫生行政、农业行政等部门共同公布。[⑤] 例如,2011年11月,根据《食品安全法》及其实施条例的相关规定,国家认监委、卫生部和农业部近日共同向社会公布了首批食品复检机构名录,共计104家,并在国家食品质量监督检验中心官网上予以公布。[⑥]

---

① 《食品安全抽样检验管理办法》第30条。

② 《食品安全抽样检验管理办法》第31条。

③ 《食品安全抽样检验管理办法》第36条。

④ 《食品安全法》第88条。

⑤ 本书编委会:《食品安全法新解读》(第四版),中国法制出版社2017年版,第99页。

⑥ 任宣:《国家三部委共同发布首批食品复检机构名录》,载《认证技术》2011年第11期,第24页。

第四节 食品检验的法律责任

食品检验作为食品监管的重要技术支撑,在准确判断食品质量、有效防范食品质量风险等方面发挥着十分重要的作用,是保障食品安全的重要技术手段。经检验之后得出的食品检验结论,是具有法律效力的食品安全凭证。也因此,食品检验的重要性不言而喻。为确保食品检验的正常进行,就必须要对违反食品安全法律规定的行为进行制裁,追究相关主体的法律责任。

一、行政责任

(一)食品生产经营者违反规定所承担的行政责任

1. 生产经营不合格食品

根据《食品安全法》第123条的规定,经营未按规定进行检疫或者检疫不合格的肉类,或者生产经营未经检验或者检验不合格的肉类制品;生产经营国家为防病等特殊需要明令禁止生产经营的食品;经营病死、毒死或者死因不明的禽、畜、兽、水产动物肉类,或者生产经营其制品;生产经营营养成分不符合食品安全标准的专供婴幼儿和其他特定人群的主辅食品;用非食品原料生产食品、在食品中添加食品添加剂以外的化学物质和其他可能危害人体健康的物质,或者用回收食品作为原料生产食品,或者经营上述食品;由县级以上人民政府食品安全监督管理部门没收违法所得和违法生产经营的食品,并可以没收用于违法生产经营的工具、设备、原料等物品;违法生产经营的食品货值金额不足1万元的,并处10万元以上15万元以下罚款;货值金额1万元以上的,并处货值金额15倍以上30倍以下罚款;情节严重的,吊销许可证,并可以由公安机关对其直接负责的主管人员和其他直接责任人员处5日以上15日以下拘留。

但在实践中,违反该规定的事例还是时有发生的。2019年8月1日,浙江省桐乡市市场监管局对某牛肉火锅店销售未经检疫牛肉的行为做出行政处罚,处罚款60万元。经查,当事人桐乡某牛肉火锅店自2019年1月至5月期间,通过微信联系私自屠宰的牛肉贩子张某,分2次购入未经检疫的牛肉合计1 349斤,并以微信转账方式支付货款3.9万元。当事人从张某处采购牛肉时未查验有关检疫证明即在自己开设的牛肉火锅店内对外销售,属于经营销售未按规定进行检疫的肉类的违法行为,违反了《食品安全法》第三十四条第(八)项的规定。根据《食品安全法》第一百二十三条第一款第(四)项的规定,桐乡市市场监管局对当事人处违法经营货值15倍的行政处罚,计60万元。该案的查处,有力彰显了市场监管部门维护人民群众"舌尖上的安全"的决心和力度,也对食品经营户切实履行食品安全第一责任人的职责起到了良好的警醒和震慑作用。[①]

2. 违反出厂检验记录制度

由于食品风险的不确定性以及损害的不可逆转性,食品生产经营者仅在事后对其产出的不安全食品承担法律责任是不够的,因为这既不能预防风险,更不足以消除风险。[②] 根据《食品安全法》第51条的规定,食品生产企业应当建立食品出厂检验记录制度,查验出厂食品的检验合格证和安全状况,如实记录食品的名称、规格、数量、生产日期或者生产批号、保质期、检验合格证号、销售日期以及购货者名称、地址、联系方式等内容,并保存相关凭证。如果食品生产经营企业违反上述规定,未建立并遵守出厂检验记录制度,应承担相应的法律责任。

但在现实中仍有企业不遵守这一规定,并未建立出厂检验记录制度。

例如,临安玲珑殷家山饮用水厂于2017年5月12日20点以临安锦溪(锦绣村大毛竹库)水为源水,通过粗滤、精滤、杀菌、罐装封盖和灯检等工艺流程,生产规格型号为16.8 L/桶的锦绣山泉饮用天然水70桶(保质期为45天)。其中50桶水当事人未在外包装标注生产日期,也未执行出厂检验直接装车出厂,并计划以3元/桶的价格,截至案发时止,当事人的桶装水已送至临安蒋军卫副食品店门口,但未完成卸货和交易。剩余20桶水仍存放于当事人仓库,生产日期已完成标注。根据《食品安全法》第126条的规定,未按规定建立并遵守进货查验记录、出厂检验记录和销售记录制度的,由县级以上人民政府食品药品监督管理部门责令改正,给予警告;拒不改正的,处5 000元以上5万元以下罚款;情节严重的,责令停产停业,直至吊销许可证。对当事人做出如下处罚:①罚款人民币5 000元;②使用直接倾倒的方式,销毁50桶水,合计罚没款人民币5 000元。[③] 行政处罚作为对生产经营不合格食品者的一种制裁手段,在很大程度上减少了食品安全问题的产生,有利于规范食品生产经营者的行为。

---

① 《浙江公布"亮剑2019——打击假冒伪劣"专项行动查处十大典型案例》,中国质量新闻网,http://www.cqn.com.cn/zj/content/2019-08/15/content_7426100.html,2019年9月28日。

② 马英娟、刘振宇:《食品安全社会共治中的责任分野》,载《行政法学研究》2016年第6期,第15-29页。

③ 《食品领域典型违法案例(三)》,杭州市临安区人民政府网,http://www.linan.gov.cn/art/2017/10/10/art_1382019_12182214.html,2019年9月28日。

（二）食品检验机构、检验人员违反规定所承担的行政责任

1. 食品检验机构、食品检验人员出具虚假检验报告

食品检验机构和食品检验人员承担着对食品进行依法检验的职责，食品检验机构和食品检验人员应当依法认真履行这一职责。检验人应当依照有关法律、法规的规定，并按照食品安全标准和检验规范对食品进行检验，尊重科学，恪守职业道德，保证出具的检验数据和结论客观、公正，不得出具虚假的检验报告。[①] 食品检验报告应当加盖食品检验机构公章，并有检验人的签名或者盖章。食品检验机构和检验人对出具的食品检验报告负责。[②] 如果食品检验机构、食品检验人员违反上述规定，出具虚假检验报告的，应当依法承担相应的法律责任。

根据《食品安全法》第 138 条的规定，食品检验机构、食品检验人员出具虚假检验报告的，由授予其资质的主管部门或者机构撤销该食品检验机构的检验资质，没收所收取的检验费用，并处检验费用五倍以上 10 倍以下罚款，检验费用不足 1 万元的，并处 5 万元以上 10 万元以下罚款；依法对食品检验机构直接负责的主管人员和食品检验人员给予撤职或者开除处分；导致发生重大食品安全事故的，对直接负责的主管人员和食品检验人员给予开除处分。违反本法规定，受到开除处分的食品检验机构人员，自处分决定做出之日起十年内不得从事食品检验工作；因食品安全违法行为受到刑事处罚或者因出具虚假检验报告导致发生重大食品安全事故受到开除处分的食品检验机构人员，终身不得从事食品检验工作。食品检验机构聘用不得从事食品检验工作的人员的，由授予其资质的主管部门或者机构撤销该食品检验机构的检验资质。食品检验机构出具虚假检验报告，使消费者的合法权益受到损害的，应当与食品生产经营者承担连带责任。

2. 食品检验机构以广告或者其他形式向消费者推荐食品

食品检验机构因为其身份的特殊性，由其向消费者所做的宣传往往会对消费者产生心理暗示，使食品检验机构与食品生产经营方产生利益链条，影响公正和检验结果的中立、客观真实性。根据《食品安全法》第 140 条的规定，违反本法规定，食品安全监督管理等部门、食品检验机构、食品行业协会以广告或者其他形式向消费者推荐食品，消费者组织以收取费用或者其他牟取利益的方式向消费者推荐食品的，由有关主管部门没收违法所得，依法对直接负责的主管人员和其他直接责任人员给予记大过、降级或者撤职处分；情节严重的，给予开除处分。也就是说，不管食品检验机构的广告宣传内容是否真实客观，只要其以广告或者其他形式向消费者推荐食品，都是违法的，应承担相应的法律责任。

---

① 《食品安全法》第 85 条。

② 《食品安全法》第 86 条。

（三）食品检验监督管理部门违反规定所承担的法律责任

《食品安全法》第 87 条规定，县级以上人民政府食品安全监督管理部门应当对食品进行定期或者不定期的抽样检验，并依据有关规定公布检验结果，不得免检。因此，县级以上人民政府食品药品监督管理部门有责任对食品进行定期或者不定期的抽样检验。

根据《食品安全法》第 144 条的规定，县级以上人民政府食品药品安全管理部门，不履行食品安全监督管理职责，导致发生食品安全事故的，对直接负责的主管人员和其他直接责任人员给予记大过处分；情节较重的，给予降级或者撤职处分；情节严重的，给予开除处分；造成严重后果的，其主要负责人还应当引咎辞职。

二、民事责任

《食品安全法》第 147 条规定，违反本法规定，造成人身、财产或者其他损害的，依法承担赔偿责任。生产经营者财产不足以同时承担民事赔偿责任和缴纳罚款、罚金时，先承担民事赔偿责任。

据此，食品生产经营者违反食品安全法相关的食品检验制度，造成人身、财产或者其他损害的，除应承担行政责任外，还应承担民事赔偿责任。生产经营者财产不足以同时承担民事赔偿责任和缴纳罚款、罚金时，先承担民事赔偿责任。食品检验机构违反食品安全法规定出具虚假检验报告，给当事人造成损失的，除了要承担相应的行政责任外，还应依法承担民事赔偿责任。食品检验机构承担着对食品进行检验，从而确定该项食品是否符合相关食品安全标准，食品生产经营者是否能生产、经营该食品的重要任务。如果食品检验机构出具虚假的检验报告，把本来不符合食品安全标准的食品说成符合食品安全标准，或者把本来符合食品安全标准的食品说成不符合食品安全标准，从而给相关的食品生产经营者、消费者造成损害的，要依法承担相应赔偿责任。①

三、刑事责任

《食品安全法》第 149 条规定："违反本法规定，构成犯罪的，依法追究刑事责任。"对于食品检验机构、食品检验人员出具虚假检验报告，构成犯罪的，要依据《刑法》第 229 条的规定追究刑事责任。《刑法》第 229 条规定："承担资产评估、验资、验证、会计、审计、法律服务等职责的中介组织的人员故意提供虚假证明文件，情节严重的，处五年以下有期徒刑或者拘役，并处罚金。""前款规定的人员，索取

---

① 曾祥华：《食品安全法新论》，法律出版社 2016 年版，第 333 页。

他人财物或者非法收受他人财物，犯前款罪的，处五年以上十年以下有期徒刑，并处罚金。”“第一款规定的人员，严重不负责任，出具的证明文件有重大失实，造成严重后果的，处三年以下有期徒刑或者拘役，并处或者单处罚金。”受到上述刑事处罚的人员，10 年内不得从事食品检验工作。食品检验机构聘用不得从事食品检验工作的人员的，由授予其资质的主管部门或者机构撤销该检验机构的检验资格。[①]

---

① 信春鹰：《中华人民共和国食品安全法释义》，法律出版社 2009 年版，第 233 页。

第九章

食品安全监管及事故处置制度

第一节　食品安全监管制度

2015年新修订的《食品安全法》对食品的分段管理、无缝隙链接、各部门各司其职，并且要依法承担责任方面，做了非常明确的规定，我国食品生产经营的各个环节都明确了各有关部门的监管职责，改变了以往在食品监管中的重复监管、监管盲区和责任不清等现象。

一、食品安全监督机构及计划

县级以上人民政府市场监督管理部门根据食品安全风险监测、风险评估结果和食品安全状况等，确定监督管理的重点、方式和频次，实施风险分级管理。

县级以上地方人民政府组织本级市场监督部门、农业行政等部门制定本行政区域的食品安全年度监督管理计划，向社会公布并组织实施。

食品安全年度监督管理计划应当将下列事项作为监督管理的重点。

(1)专供婴幼儿和其他特定人群的主辅食品。

(2)保健食品生产过程中的添加行为和按照注册或者备案的技术要求组织生产的情况，保健食品标签、说明书以及宣传材料中有关功能宣传的情况。

(3)发生食品安全事故风险较高的食品生产经营者。

(4)食品安全风险监测结果表明可能存在食品安全隐患的事项。

二、食品安全监管措施

县级以上人民政府市场监督管理部门履行各自食品安全监督管理职责，有权采取下列措施，对生产经营者遵守本法的情况进行监督检查：

（1）进入生产经营场所实施现场检查。

（2）对生产经营的食品、食品添加剂、食品相关产品进行抽样检验。

（3）查阅、复制有关合同、票据、账簿以及其他有关资料。

（4）查封、扣押有证据证明不符合食品安全标准或者有证据证明存在安全隐患以及用于违法生产经营的食品、食品添加剂、食品相关产品。

（5）查封违法从事生产经营活动的场所。

三、食品安全检验、检测

对食品安全风险评估结果证明食品存在安全隐患，需要制定、修订食品安全标准的，在制定、修订食品安全标准前，国务院卫生行政部门应当及时会同国务院有关部门规定食品中有害物质的临时限量值和临时检验方法，作为生产经营和监督管理的依据。

县级以上人民政府食品药品监督管理部门在食品安全监督管理工作中可以采用国家规定的快速检测方法对食品进行抽查检测。

对抽查检测结果表明可能不符合食品安全标准的食品，应当依照相关规定进行检验。抽查检测结果确定有关食品不符合食品安全标准的，可以作为行政处罚的依据。

四、食品安全信用档案

县级以上人民政府食品药品监督管理部门应当建立食品生产经营者食品安全信用档案，记录许可颁发、日常监督检查结果、违法行为查处等情况，依法向社会公布并实时更新；对有不良信用记录的食品生产经营者增加监督检查频次，对违法行为情节严重的食品生产经营者，可以通报投资主管部门、证券监督管理机构和有关的金融机构。

食品生产经营过程中存在食品安全隐患，未及时采取措施消除的，县级以上人民政府食品药品监督管理部门可以对食品生产经营者的法定代表人或者主要负责人进行责任约谈。食品生产经营者应当立即采取措施，进行整改，消除隐患。责任约谈情况和整改情况应当纳入食品生产经营者食品安全信用档案。

五、食品安全举报制度

县级以上人民政府食品药品监督管理、质量监督等部门应当公布本部门的电子邮件地址或者电话，接受咨询、投诉、举报。接到咨询、投诉、举报，对属于本部门职责的,应当受理并在法定期限内及时答复、核实、处理;对不属于本部门职责的,应当移交有权处理的部门并书面通知咨询、投诉、举报人。有权处理的部门应当在法定期限内及时处理,不得推诿。对查证属实的举报,给予举报人奖励。

有关部门应当对举报人的信息予以保密,保护举报人的合法权益。举报人举报所在企业的,该企业不得以解除、变更劳动合同或者其他方式对举报人进行打击报复。

六、食品安全执法监督

县级以上人民政府食品药品监督管理、质量监督等部门应当加强对执法人员食品安全法律、法规、标准和专业知识与执法能力等的培训,并组织考核。不具备相应知识和能力的,不得从事食品安全执法工作。

食品生产经营者、食品行业协会、消费者协会等发现食品安全执法人员在执法过程中有违反法律、法规规定的行为以及不规范执法行为的,可以向本级或者上级人民政府食品药品监督管理、质量监督等部门或者监察机关投诉、举报。接到投诉、举报的部门或者机关应当进行核实,并将经核实的情况向食品安全执法人员所在部门通报;涉嫌违法违纪的,按照本法和有关规定处理。

七、食品安全监管部门责任约谈

县级以上人民政府食品药品监督管理等部门未及时发现食品安全系统性风险,未及时消除监督管理区域内的食品安全隐患的,本级人民政府可以对其主要负责人进行责任约谈。

地方人民政府未履行食品安全职责,未及时消除区域性重大食品安全隐患的,上级人民政府可以对其主要负责人进行责任约谈。

被约谈的食品药品监督管理等部门、地方人民政府应当立即采取措施,对食品安全监督管理工作进行整改。

责任约谈情况和整改情况应当纳入地方人民政府和有关部门食品安全监督管理工作评议、考核记录。

八、食品安全信息公开制度

国家建立统一的食品安全信息平台,实行食品安全信息统一公布制度。国家食品安全总体情况、食品安全风险警示信息、重大食品安全事故及其调查处理信息和国务院确定需要统一公布的其他信息由国务院食品药品监督管理部门统一公布。食品安全风险警示信息和重大食品安全事故及其调查处理信息的影响限于特定区域的，也可以由有关省、自治区、直辖市人民政府食品药品监督管理部门公布。未经授权不得发布上述信息。

县级以上人民政府食品药品监督管理、质量监督、农业行政部门依据各自职责公布食品安全日常监督管理信息。

公布食品安全信息，应当做到准确、及时，并进行必要的解释说明，避免误导消费者和社会舆论。

县级以上地方人民政府食品药品监督管理、卫生行政、质量监督、农业行政部门获知本法规定需要统一公布的信息，应当向上级主管部门报告，由上级主管部门立即报告国务院食品药品监督管理部门；必要时，可以直接向国务院食品药品监督管理部门报告。

县级以上人民政府食品药品监督管理、卫生行政、质量监督、农业行政部门应当相互通报获知的食品安全信息。

九、食品安全信息舆情监管

任何单位和个人不得编造、散布虚假食品安全信息。县级以上人民政府食品药品监督管理部门发现可能误导消费者和社会舆论的食品安全信息，应当立即组织有关部门、专业机构、相关食品生产经营者等进行核实、分析，并及时公布结果。

十、食品安全犯罪案件查办

县级以上人民政府市场监督管理等部门发现涉嫌食品安全犯罪的，应当按照有关规定及时将案件移送公安机关。对移送的案件，公安机关应当及时审查；认为有犯罪事实需要追究刑事责任的，应当立案侦查。

公安机关在食品安全犯罪案件侦查过程中认为没有犯罪事实，或者犯罪事实显著轻微，不需要追究刑事责任，但依法应当追究行政责任的，应当及时将案件移送市场监督管理等部门和监察机关，有关部门应当依法处理。

公安机关商请市场监督、环境保护等部门提供检验结论、认定意见，以及对涉案物品进行无害化处理等协助的，有关部门应当及时提供，予以协助。

第二节　食品安全事故处置

一、食品安全事故的概念

食品安全事故，是指食物中毒、食源性疾病、食品污染等源于食品，对人体健康有危害或者可能有危害的事故。食物中毒是指食用了被有害物质污染的食品或者食用了含有毒有害物质的食品后出现的急性、亚急性疾病。食源性疾病，指食品中致病因素进入人体引起的感染性、中毒性等疾病。

《国家重大食品安全事故应急预案》按照食品安全事故的性质、危害程度和涉及范围，将重大食品安全事故分为特别重大食品安全事故（Ⅰ）、重大食品安全事故（Ⅱ）、较大食品安全事故（Ⅲ）和一般食品安全事故（Ⅳ）。

二、食品安全事故应急预案

食品安全事故应急预案，是指经过一定程序制订的开展食品安全事故应急处理工作的事先指导方案。制订食品安全事故应急预案，目的是建立健全应对食品安全事故的救助体系和运行机制，规范和指导应急处理工作，确保一旦发生食品安全事故，能够有效组织、快速反应，及时控制食品安全事故，高效开展应急救援工作，最大限度地减少食品安全事故的危害，保障人民群众身体健康与生命安全，维护正常社会秩序。

《食品安全法》规定，食品安全应急预案国务院组织制定国家食品安全事故应急预案。县级以上地方人民政府应当根据有关法律、法规的规定和上级人民政府的食品安全事故应急预案以及本行政区域的实际情况，制订本行政区域的食品安全事故应急预案，并报上一级人民政府备案。食品安全事故应急预案应当对食品安全事故分级、事故处置组织指挥体系与职责、预防预警机制、处置程序、应急保障措施等做出规定。食品生产经营企业应当制定食品安全事故处置方案，定期检查本企业各项食品安全防范措施的落实情况，及时消除事故隐患。

三、食品安全事故的应急处置、报告和通报

（一）食品安全事故的应急处置和报告

发生食品安全事故的单位应当立即采取措施，防止事故扩大。事故单位和接收病人进行治疗的单位应当及时向事故发生地县级人民政府食品药品监督管理、

卫生行政部门报告。《食品安全法实施条例》[1]规定，发生食品安全事故的单位应当对导致或者可能导致食品安全事故的食品及原料、工具、设备、设施等，立即采取封存等控制措施。

（二）食品安全事故的通报和上报

县级以上人民政府食品安全监督管理部门接到食品安全事故报告后，应当立即会同同级卫生行政、农业行政等部门依照《食品安全法》第105条的规定进行调查处理。[2]食品安全监督管理部门应当对事故单位封存的食品及原料、工具、设备、设施等予以保护，需要封存而事故单位尚未封存的应当直接封存或者责令事故单位立即封存，并通知疾病预防控制机构对与事故有关的因素开展流行病学调查。疾病预防控制机构应当在调查结束后向同级食品安全监督管理、卫生行政部门同时提交流行病学调查报告。

发生食品安全事故，接到报告的县级人民政府食品药品监督管理部门应当按照应急预案的规定向本级人民政府和上级人民政府食品药品监督管理部门报告。县级人民政府和上级人民政府食品药品监督管理部门应当按照应急预案的规定上报。

任何单位和个人不得对食品安全事故隐瞒、谎报、缓报，不得隐匿、伪造、毁灭有关证据。

医疗机构发现其接收的病人属于食源性疾病病人或者疑似病人的，应当按照规定及时将相关信息向所在地县级人民政府卫生行政部门报告。县级人民政府卫生行政部门认为与食品安全有关的，应当及时通报同级食品药品监督管理部门。

县级以上人民政府卫生行政部门在调查处理传染病或者其他突发公共卫生事件中发现与食品安全相关的信息，应当及时通报同级食品药品监督管理部门。

四、食品安全事故应急措施

县级以上人民政府食品药品监督管理部门接到食品安全事故的报告后，应当立即会同同级卫生行政、质量监督、农业行政等部门进行调查处理，并采取下列措施，防止或者减轻社会危害。

（1）开展应急救援工作，组织救治因食品安全事故导致人身伤害的人员。

（2）封存可能导致食品安全事故的食品及其原料，并立即进行检验；对确认属

---

① 《食品安全法实施条例》第56条。

② 《食品安全法实施条例》第57条。

于被污染的食品及其原料,责令食品生产经营者依照本法第63条[①]的规定召回或者停止经营。

(3)封存被污染的食品相关产品,并责令进行清洗消毒。

(4)做好信息发布工作,依法对食品安全事故及其处理情况进行发布,并对可能产生的危害加以解释、说明。

发生食品安全事故需要启动应急预案的,县级以上人民政府应当立即成立事故处置指挥机构,启动应急预案,依照前款和应急预案的规定进行处置。

五、食品安全事故的调查

(一)食品安全事故调查的原则

调查食品安全事故,应当坚持实事求是、尊重科学的原则,及时、准确查清事故性质和原因,认定事故责任,提出整改措施。参与食品安全事故调查的部门应当在卫生行政部门的统一组织协调下分工协作、相互配合,提高事故调查处理的工作效率。参与食品安全事故调查的部门有权向有关单位和个人了解与事故有关的情况,并要求提供相关资料和样品。有关单位和个人应当配合食品安全事故调查处理工作,按照要求提供相关资料和样品,不得拒绝。任何单位或者个人不得阻挠、干涉食品安全事故的调查处理。

(二)食品安全事故责任调查

发生食品安全事故,设区的市级以上人民政府食品药品监督管理部门应当立即会同有关部门进行事故责任调查,督促有关部门履行职责,向本级人民政府和上一级人民政府食品药品监督管理部门提出事故责任调查处理报告。涉及两个以上省、自治区、直辖市的重大食品安全事故由国务院食品药品监督管理部门依照前款规定组织事故责任调查。

调查食品安全事故,除了查明事故单位的责任,还应当查明有关监督管理部门、食品检验机构、认证机构及其工作人员的责任。

(三)食品安全事故流行病学调查

发生食品安全事故,县级以上疾病预防控制机构应当对事故现场进行卫生处理,并对与事故有关的因素开展流行病学调查,有关部门应当予以协助。县级以上疾病预防控制机构应当向同级食品药品监督管理、卫生行政部门提交流行病学调查报告。

---

① 《食品安全法》第63条:"国家建立食品召回制度。食品生产者发现其生产的食品不符合食品安全标准或者有证据证明可能危害人体健康的,应当立即停止生产,召回已经上市销售的食品,通知相关经营者和消费者……"

第十章

食品安全救济制度

近几年我国食品安全事件的频繁发生,使食品安全成了各大媒体和广大人民群众最为热议和关心的问题。食品安全问题已经不再是简单的食品问题,上升到了社会问题的层面。食品安全问题的解决主要有两个途径,一是监管,二是救济。仔细研究我国发生的食品安全事件,主要关注点集中在了食品监管方面,对救济方面相比监管而言,缺少足够的重视。造成这一现象的根本原因是,虽发生大量的食品安全事件,但是很少有受害人可以向侵权人主张赔偿。这是因为受害人即使明知自己食用了有毒、有害食品,也很难证明责任主体、因果关系以及损害事实。另外即使受害人提起诉讼并且胜诉,有时食品侵权企业因为无力负担巨额的损害赔偿而破产。正是这些情况导致了食品安全事件受害人无法依据现有的救济制度实现对自己的权利救济,也是造成我国对于食品侵权的研究集中在监管方面的主要原因。可是监管和救济两者的关系是相辅相成、互为补充、缺一不可的,只注重监管,而忽视救济,就会造成虽然政府加大了对食品安全的监管力度,但每年还是发生大量食品安全事件。只有通过完善和保障受害人获得救济的途径和权利,才能预防食品安全事件的发生。本书主张在食品安全事件中建立多元化的救济机制来实现对受害人权利的保护。

党的十八大报告指出:“加强社会建设,是社会和谐稳定的重要保证。必须从维护最广大人民根本利益的高度,加快健全基本公共服务体系,加强和创新社会管理,推动社会主义和谐社会建设。加强社会建设,必须以保障和改善民生为重点。提高人民物质文化生活水平,是改革开放和社会主义现代化建设的根本目的。要多谋民生之利,多解民生之忧,解决好人民最关心最直接最现实的利益问题。”食品安全事件严重地损害了社会成员的合法权益,破坏了食品安全秩序,威胁了社会的稳定与和谐。建立和完善食品安全救济制度,是党的十八大提出的维护社会和谐、保障和改善民生工作的重要体现,也是为了保障民众的生命健康不受侵害,使受害者能够得到法律的有效救济,本书从民法、刑法、行政法和国家赔偿多角度谈食品安全救济制度的构建。

第一节 民法救济

一、民法救济的优势

民法救济机制的驱动力来源于当事人自身利益，民法救济途径主要是因对不安全食品食用，给损害者消费者带来损害，由消费者自己提起的民事诉讼。这种民事诉讼一方面可以使消费者自身损失能够得到应有的弥补；另一方面还可使生产不安全食品的不法厂商受到超过其收益本身的惩罚，杜绝其侥幸心理，产生足够的威慑作用。由于消费者自己是不安全食品的直接受害人，在受到不安全食品的损害时，最有动力为自己采取主动救济措施来补偿自己的损失，并惩罚不法食品生产厂商。只要法律提供的民法救济途径足够畅通，并且提起诉讼的成本不会过高，消费者就会有足够的动力为自身利益提起民事诉讼，否则只能单纯依靠政府行政机关的行政手段。但是行政机关的工作人员仅是消费者的代理人，其自身利益没有受到侵害，所以行政机关采取措施的动力就远小于消费者自身。因此，如果民法救济应用得当，生产不安全食品的不法厂商将成为全社会的敌人，因为所有人都是食品消费者，所有人都关心自身的健康，所有的人在权利受到侵害后都有动力与不法厂商斗争。

民法救济途径的主要手段是经济赔偿，如果运用得当可从根本上消除不法厂商的侥幸心理。大家都知道，不法厂商之所以不顾法律与道德的双重约束而生产或销售严重不合格的产品，主要是利益驱动，即由此获得大量的不法利益。所以，治本之道乃在于让那些存有侥幸心理的不法厂商无机可乘。之所以这样说是因为在目前解决包括我国食品安全在内的问题主要是通过公法手段，即政府机构通过给予不法厂商以行政处罚的做法加以解决，由于公法救济的手段自身的局限性，即使遭受所谓的罚款处罚之后，不法厂商仍然有利可图，这才导致他们违法行为的不断继续。

二、食品安全民事责任

民事责任是公民或法人由于民事违法行为而应当承担的法律后果。《食品安全法》中有关民事责任的规定，主要体现在第 147 条和第 148 条中，其第 147 条规定食品安全事件中民事赔偿责任的优先原则。第 148 条则规定：“消费者因不符合食品安全标准的食品受到损害的，可以向经营者要求赔偿损失，也可以向生产者要求赔偿损失。接到消费者赔偿要求的生产经营者，应当实行首负责任制，先行赔付，不得推诿；属于生产者责任的，经营者赔偿后有权向生产者追偿；属于经营者责任的，生产者赔偿后有权向经营者追偿。生产不符合食品安全标准的食品或者经营明知是不符合食品安全标准的食品，消费者除要求赔偿损失外，还可以向生产者或者经营者要求支付价款十倍或者损失3倍的赔偿金；增加赔偿的金额不足1000元的，为1000元。”

《民法通则》第121条规定，对食品监管的违法个人应承担的民事责任做出了规定，该条规定是我国现行法律中监管个人承担民事责任的重要依据，监管者承担民事责任的方式多样，如停止侵害、返还财产、恢复原状、消除影响、恢复名誉等，而且民事责任的承担可以单独使用，也可以合并使用。因此，食品安全的监管者承担责任的方式除了做出赔偿以外，还可以有其他更为灵活的方式。

三、民法救济的法律依据

在食品安全事件的救济中，可用的民法救济法律有《民法通则》《产品质量法》《侵权责任法》《消费者权益保护法》和《民事诉讼法》，《民法通则》第121条；《产品质量法》第42、43、44、47条；《侵权责任法》的第5章共7条；《消费者权益保护法》第7章共13条；还有《民事诉讼法》，这些法律构成了民事救济的法律制度依据，形成了较为完备的法律体系。

四、食品安全民法救济的归责原则

在我国，食品安全事故的赔偿归责原则，是指作为食品事故的行为人的行为致消费者受到损害时，消费者应根据何种标准和原则确定行为人的侵权责任。该原则既是认定侵权构成，处理纠纷的基本依据，也是指导损害赔偿的准则。我国侵权行为的归责原则主要包括过错责任原则、无过错责任原则和公平责任原则这三类。《民法通则》第122条规定：“因产品质量不合格造成他人财产、人身损害的，产品制造者、销售者应当依法承担民事责任。运输者、仓储者对此负有责任的，产品制造者、销售者有权要求赔偿损失。”《食品安全法》作为食品安全事件的重要法律，该法的归责原则在其中的第96条第2款有具体的规定，从法条的具体内容来看，食品生产者和经营者在食品安全事件中是采用无过错责任和过错责任并存的模式。比较两个原则，对于过错责任，举证责任的承担规定的并不是十分的明确。在食品安全侵权中依责任主体的不同作了区分：对于生产者适用无过错责任，对于销售者是以过错责任为主体，无过错责任为例外。另外我国的惩罚性赔偿制度对生产者适用的归责原则过于苛刻，按照该法的第148条规定，不论其主观上是否有故意或者过失的过错，只要给消费者造成损害的，均应当承担赔偿责任，可以说在一定程度上加重了食品生产者的负担。

五、食品安全事件的民事救济的程序

1. 消费者收集证据证明其权利受到侵害

作为受害人应当证明自身的合法权利受到食品生产者、销售者及行政机关的行为侵害的证据。

2. 审查程序

人民法院的庭前审查分为形式审查和实质审查。形式审查包括审查当事人的起诉是否具备法律所规定的形式要件。当事人起诉,应当向人民法院提交起诉书状及副本,当事人的起诉应当采用书面形式。实质审查是对当事人的诉讼主体资格、诉权主张以及诉讼时效、证据、是否属人民法院主管及管辖权、是否适格等实质要件的审查。消费者原告的起诉应当有具体的诉讼请求和事实根据。另外,审查当事人的起诉是否属于受诉人民法院管辖,是否符合地域管辖和级别管辖等的有关规定。

3. 向法院提起民事诉讼

法院对民事赔偿案件应当采用直接言词的方式,而不能采用书面审查的方式来解决并做出判决。具体而言,法庭审理民事案件的过程中应当公开进行,并通知作为原告和被告的双方都出庭,法庭应当听取原告和被告双方的陈述和申辩,并进行质证。

4. 向上级法院上诉与申诉

法院做出判决后,如果赔偿请求人或赔偿人对法院做出的判决不服,有权向上一级人民法院提出上诉。上一级人民法院做出判决后,是发生法律效力的终极判决,必须执行。赔偿请求人或赔偿义务机关仍然对上级人民法院的裁判不服的,可以提起申诉。

5. 人民检察院的法律监督

人民检察院作为法律监督机关,依法对法院做出的判决依然负有监督的责任和义务。最高人民检察院对各级人民法院做出的判决和上级人民检察院对下级人民法院做出的判决,发现违反法律规定的,应当向同级人民法院提出意见,同级人民法院应当在两个月内重新审查并依法做出决定。对于食品安全事件这种社会关注度高,社会危害大的案件,各级人民检察院应更加发挥自身监督职能,督促法院做出合理正确的判决。

第二节 刑法救济

一、食品安全的刑法渊源

在我国的刑法中，有关危害食品安全的犯罪，最早的1979年刑法典没有做出相关的法律规定。在当时对关于食品安全的严重事故，根据情节不同采取不同的法律规则适用，例如刑法典中第114条、187条的规定，以重大责任事故罪或者玩忽职守罪等追究行为人的刑事责任。后来随着市场经济确立，逐渐出现一些危害食品安全的恶性案件，我国在1993年7月第八届全国人民代表大会第二次会议通过的《关于惩治生产销售伪劣商品犯罪的决定》中规定了生产、销售不符合卫生标准的食品罪和生产、销售有毒有害食品罪。1997年刑法在第143条、第144条中分别对生产、销售不符合卫生标准的食品及生产、销售有毒有害食品的行为构成犯罪做出规定。2011年2月全国人大常委会颁布的刑法修正案（八）中对刑法第143、144条做出了修正，完善了我国刑法的关于食品安全罪的相关规定，增设了食品安全监管人员渎职罪，明确负有食品安全监管人员的监管职责，从更多方面加强了对食品安全的刑法保护。

二、食品安全刑事责任

刑事责任，是指人民法院对于触犯国家刑法的个人和单位给予的刑事制裁。对经济犯罪及其刑罚，与世界其他国家的刑法不同，我国刑法做出了三类规定：①将经济犯罪及其刑罚在《刑法》中做出专门的规定；②在经济法律法规中，重申《刑法》的规定，或指出应适用的《刑法》条款，有时将《刑法》的有关条款并列于该法律法规之后，在一定情形下《刑法》规定量刑幅度之内，对各种情况下的量刑做出更为具体的规定；③根据《刑法》第101条规定，在经济法律中另立《刑法》未规定的罪名，并规定其刑事责任，这种做法的一个显著优点就是可以作为《刑法》未尽罪名的补充。

三、食品安全事故的刑法依据

我国食品安全的相关法律有1982年的《食品卫生法（试行）》中第51条规定，只有“违反本法，造成严重食物中毒事故或者其他严重事源性疾患，致人死亡或者致人残疾因而丧失劳动能力的”才构成犯罪。1993年的《关于惩治生产、销售伪劣商品犯罪的决定》，则将生产、销售有毒、有害食品罪设立为行为犯，即只要“在生产、销售的食品中掺入有毒、有害的非食品原料”就构成犯罪，不过该决定对另一个罪名“生产、销售不符合卫生标准的食品罪”仍然要求必须“造成严重食物中毒事故或者其他严重食源性疾患，对人体健康造成严重危害”。1997 年新刑法，把生产、销售不符合卫生标准的食品罪也由原来的结果犯改成了危险犯，即只要“足以造成严重食物中毒事故或者其他严重食源性疾患的”就构成犯罪。

刑法修正案（八）对生产、销售不符合安全标准食品罪进行了全面修改，不仅改变了罪名、拓宽了刑法打击范围而且还加强了刑事制裁力度。一是将生产、销售不符合卫生标准食品罪修改为生产、销售不符合安全标准食品罪。食品安全与食品卫生相比范围更加广泛，该改动实现了刑法与食品安全法的相互衔接，维护了食品安全保护立法体系的统一。二是增加了有其他严重情节的情况要处三年以上七年以下有期徒刑的刑罚规定，拓宽了刑法的打击范围。三是取消了单处罚金刑的规定，犯有此罪的均将面临自由刑的处罚。四是取消了原刑法中罚金数额即销售金额百分之五十以上二倍以下的限制性规定，罚金数额无上限的规定，加大了罚金刑的刑罚威慑力。

刑法修正案（八）对生产销售有毒有害食品罪的修改主要体现在，加大了对该罪的刑事处罚力度和拓宽了刑法的打击范围。一是删除了原条文中“五年以下有期徒刑或者拘役”中的“拘役”；二是删除了原条文中单处罚金的规定，犯有该罪的最低要面临五年以下有期徒刑的处罚；三是取消了关于罚金为销售金额百分之五十以上二倍以下的规定，对于罚金没有规定数额上限，法官可以根据具体案情进行确定；四是增加了有其他严重情节的，要处五年以上十年以下有期徒刑的规定，有效防止了对人体健康没有造成严重危害但情节严重的漏罪发生；五是对原规定中“对人体健康造成特别严重危害的”变更为“有其他特别严重情节的”规定，“有其他特别严重情节的”包括了“对人体健康造成特别严重危害的”的情形，特别指出的是具有此种情节的案件，与原规定相同都要面临最高刑死刑的处罚。

刑法修正案（八）在原刑法第 408 条监管失职罪中增加了一款关于食品安全监管人员失职罪的规定，加大了对食品安全监管人员失职行为的制裁力度。一是增设食品安全监管人员失职罪。食品安全监管的不力是导致食品安全事故频发的重要原因，一些国家机关工作人员负有食品安全监督管理职责，滥用职权或者玩忽职守对食品安全犯罪起到了推波助澜的作用，在食品安全事故频发的形势下，必然要求加强食品安全的监管，要求用刑罚手段来制裁和遏制食品安全监管人员失职的情况发生。该罪的规定将有力地促进食品监管体制的有效运行，进一步遏制食品安全犯罪的高发态势。二是强化了对食品监管人员失职犯罪的刑事制裁力度。刑法关于普通国家机关工作人员滥用职权或者玩忽职守犯罪处罚的量刑幅度为三年以下有期徒刑或者拘役，对情节特别严重的，处三年以上七年以下有期徒刑；关于食品监管人员失职罪的量刑幅度则为五年以下有期徒刑或者拘役；造成特别严重后果的，处五年以上十年以下有期徒刑。

四、刑法救济的归责原则

从我国的刑法及刑法修正案（八）的规定可归纳我国食品安全事故的归责原则，也即采取过错责任原则。我国的国家刑法规定，对于生产销售有毒有害食品行为和食品安全监管人员失职行为，造成消费者自身权益受到损害时，受害人有权根据刑法和刑事诉讼法的规定，有权对侵害人提起诉讼，保障自身权益。在食品安全事故中只要食品安全事故出现损害结果，并且食品生产和销售者的行为或者是食品监管人员的行为与损害结果间有因果关系即可提起刑事诉讼，要求对侵权者处以刑事处罚来承担食品安全危害行为，此种归责原则对事故中受害人的救济十分有利，另外还可以对食品安全危害行为这种危害社会安全的行为加以惩处，保障全社会的共同利益，充分发挥刑法处罚的严厉性，对犯罪分子的犯罪行为得到有效遏制，保障社会公共安全。

五、刑法救济的程序

1. 权利受害人收集证据证明其权利受到侵害

作为受害人应当证明自身的合法权利受到食品生产者、销售者及行政机关的行为侵害的证据。

2. 审查程序

刑事诉讼庭前审查程度也称庭前审本程序，是指在检察机关提起公诉之后法院开庭审判之前，由专职法官对案件进行审查，以决定是否将被告人交付法庭审判以及进行必要的庭审预备活动的程序。该程序主要是依据事实和法律，审查对被告人的刑事指控是否存在充分的理由和依据，以保证刑事公诉的合理性和正当性。庭前审查的任务，并不是预先解决被告人是否有罪，而是解决将被告人交付庭审的正当性与必要性问题，是刑事案件流转的一种过滤与防错机制。

3. 向法院提起刑事诉讼

提起诉讼的法院为侦查机关同级人民法院。法院审理的方式和程序应当采用直接言词的方式进行审理，而不能采用书面审查的方式解决。具体而言，法庭审理应当公开进行，并通知作为原告和被告双方都出庭，法庭应当听取原告和被告双方的陈述和申辩，并进行质证，必要时法庭应当传唤证人出庭。

4. 向上级法院上诉与申诉

法院做出判决后，如果赔偿请求人或赔偿义务机关对法院做出的判决不服，有权向上一级人民法院提出上诉。上一级人民法院做出判决后，是发生法律效力的终极判决,必须执行。赔偿请求人或赔偿义务机关仍然对上级人民法院的裁判不服的,可以提起申诉。

5. 人民检察院的法律监督

人民检察院作为法律监督机关,对法院做出的判决依然负有监督的责任和义务。最高人民检察院对各级人民法院做出的判决和上级人民检察院对下级人民法院做出的判决,发现违反法律规定的,应当向同级人民法院提出意见,同级人民法院应当在2个月内重新审查并依法做出决定。

【案例1】安徽阜阳劣质奶粉案。2004年,安徽阜阳劣质奶粉案在全国引起轰动,造成营养不良而死亡的婴儿12人,轻、中度营养不良婴儿189人,重度营养不良患儿28人。涉案20人被判处有期徒刑,主要被告人生产商池长板以生产、销售不符合卫生标准食品罪被判处有期徒刑七年。同案4名销售商李纯霞、张学杰、黄丙印、韩东风分别被判处四至八年有期徒刑。

【案例2】河北石家庄三鹿奶粉含三聚氰胺案。2008年,河北石家庄三鹿集团毒奶粉事件震惊全国。事件起因是很多食用三鹿奶粉的婴儿被发现患有肾结石,随后在其奶粉中发现化工原料三聚氰胺。三鹿召回2008年8月6日以前生产的全部婴幼儿奶粉。根据公布的数字,上万名婴幼儿住院治疗,死亡4人。2009年1月,石家庄市中级人民法院对三鹿问题奶粉系列刑案中的数名被告人做出一审判决,其中原三鹿集团董事长田文华以生产、销售伪劣产品罪被判处无期徒刑。此案元凶、制造含有三聚氰胺的"蛋白粉"添加剂并大量销售的被告人张玉军被以危险方法危害公共安全罪判处死刑。此案另一元凶,在原奶中大量添加"蛋白粉"的被告人耿金平因生产、销售有毒食品罪,被判处死刑。被告单位三鹿集团股份有限公司因生产、销售伪劣产品罪,被判处罚金4 937万余元。三鹿集团多名高管同时获刑。

第三节 行政法救济

一、食品安全行政法救济的必要性

我们知道"无救济则无权利",任何一项权利的实现,如果没有相应的救济制度或途径做保障,该项权利则变为一纸空文而变得没有存在的意义。食品安全事故的频发,作为食品安全监管的行政机关有不可推卸的责任,对于行政机关的食品安全监管失职、渎职行为,除了行政机关内部的行政处分之外,因国家行政部门监管失职而致使公民权利受到侵害时,还可对直接责任者提起行政诉讼,要求其承担相关行政责任。这样的救济途径,不仅对公民的权利是保障,还有利于促使食品安全行政监管部门认真履行职责,更有利于建立有序的食品市场,使市场秩序得到规范。

二、食品安全监管承担的行政责任

行政责任是指国家机关基于特定的原因,对法律关系主体依行政程序或行政诉讼程序所给予的制裁或加予的其他负担。依照我国现行法律法规的规定,由于行政机关在行使行政职权和履行行政职责时所实施的具体行政行为违反法律法规,侵犯了公民、法人和其他经济组织的合法权益,作为受害人的公民、法人和其他经济组织可以依照《行政诉讼法》提起行政诉讼,由司法机关追究行政机关的责任。此种责任在我国通常被视为行政责任。

食品安全监管人员作为国家机关工作人员,行政责任的承担与其身份两者始终联系在一起。在当前的法学理论界,对于承担行政责任的主体的理解并不一致:一部分认为,承担违法行政责任的主体应当是行政机关及公务人员,依此见解,行政责任仅为国家行政机关、其他享有行政权的主体或公务人员违反法定职责而承担的责任(实为违法行政责任);另一部分认为,行政责任的承担主体除了包括国家机关及其工作人员,还应当有公民、法人等组织,亦包括公民、法人违反法律的责任。

2017 年《行政诉讼法》第 98 条规定:“行政机关或者行政机关工作人员做出的行政行为侵犯公民、法人或者其他组织的合法权益造成损害的,由该行政机关或者该行政机关工作人员所在的行政机关负责赔偿。行政机关赔偿损失后,应当责令有故意或者重大过失的行政机关工作人员承担部分或者全部赔偿费用。从该法条规定的内容来看,对于监管人员的违法行政行为所引起的法律责任,主要由监管部门承担,实施监管行为的个人监管人员无须对外部承担具体的法律责任。”

2017 年《行政诉讼法》第 18 条新规定,经最高人民法院批准,高级人民法院可以根据审判工作的实际情况,确定若干人民法院跨行政区域管辖行政案件。对于食品安全事故而言,一般情形下都是跨多个省和地区的重大事故,这正是一些基层法院面对这类事件时,受制于地方和行政机关,导致案子不能判、不好判、不敢判的原因。这次行政诉讼法的修改在很大程度上可以解决法院面对诸如食品安全事件时这个难题,消除“地方化”问题对公正审判造成的影响,从体制层面给行政审判注入了一剂十分有效的“强心针”。

2015 年《行政诉讼法》首次规定了行政负责人的应当出庭应诉制度,也即被诉行政机关负责人应当出庭应诉。不能出庭的,应当委托行政机关相应的工作人员出庭。并且异常醒目地放在该法第 3 条的位置。这也看出立法机关对于该项规定的重视程度，强调老百姓告官要见官。虽然说由谁到法院去应诉，并不是一个非常核心的问题，但是可以通过这种行政首长出庭应诉的方式，一方面可以缓解官民矛盾，另一方面也有利于案件的解决。尤其对于食品安全事故案件来说，社会影响较大，这种方式的实施，更有利于稳定社会稳定，利于案件的解决。

三、食品安全行政法救济的依据

《食品安全法》第 144 条、145 条、146 条对食品安全检验机构、食品安全监督管理部门等行政部门的违法行为规定了惩罚措施，如第95 条第2 款规定："违反本法规定，县级以上卫生行政、农业行政、质量监督、工商行政管理、食品药品监督管理部门或者其他有关行政部门不履行本法规定的职责或者滥用职权、玩忽职守、徇私舞弊的，依法对直接负责的主管人员和其他直接责任人员给予记大过或者降级的处分；造成严重后果的，给予撤职或者开除的处分；其主要负责人应当引咎辞职"。《食品安全法（修订草案）》第二节对地方政府和有关政府部门的责任也给出了相关的规定，并且进一步细化了责任制度。

四、食品安全救济的行政法归责原则

在我国目前的行政法领域中，关于行政法归责原则很大一部分是围绕赔偿责任制定，对职务责任归责原则涉及很少。我们认为，应该增强职务问责的可操作性，我们知道食品安全责任是法定责任，应采取严格责任为主、过错责任为辅的归责原则体系。理由在于：一是食品安全领域所发生的重大食品安全事件很大一部分是由于作为监管机关的行政机关不作为或违法作为引起的，更鉴于食品安全关乎消费者的身体安康、生命安全，采取严格责任归责，可以督促监管主体尽职尽责地完成食品安全监管的重任。二是可以避免过错归责原则中证明违法行为人主观内心状态的麻烦。三是采取严格责任直接追究相关监管行政责任人员的行政责任，而由相关责任人自证清白，这样的归责方式有利于增强归责的可操作性。我国法律要在法律中明文规定食品监管公职人员不必为食品安全事故负责的例外情形，作为被归责人的抗辩事由，比如说意外事件、不可抗力以及执行显著违法命令的行为等，使那些尽职的监管人员避免遭受不公平的归责事件追责。四是对于收受贿赂、官商勾结、充当团体利益保护伞者，则实行过错责任原则。五是应明确法律责任的具体形式，避免出现那些"依法给予行政处分"等模糊性规定。因为在行政处分中，警告和开除的差距很大。这样的规定在《食品安全法》及其实施条例中已经消除，但在《农业法》《产品质量法》《生猪屠宰管理条例》《进出口商品检验法》《酒类流通管理办法》中仍然大量存在，亟须进一步改变，删除不合理的规定。

另外，法律还应区分同体归责与异体归责。同体归责就是行政系统内的归责，即上级机关对下级机关、行政主体对内部公职人员的归责；异体归责就是其他有权国家机关，比如各级人大及其常委会、国家司法机关，对食品安全监管机关人员的归责。我国目前行政系统内部监督虚化，同体归责不力，甚至有包庇渎职者的现象；而其他有权机关监督弱化，异体归责普遍缺失，比如从未出现过各级人大及其常委会对食品安全事故进行归责的先例。这其中固然有"行政权力膨胀"的因素，但问题的关键更在于法律对于各级人大代表行使监督权力设置了过于苛刻的条件。依据分权制衡的监督原理，对执法者最为有效的监督方式是外部监督，所以我国法律应该大力培育异体归责的力量，而不是同体归责。在归责对象方面，法律要注意区分是行政主体责任还是公职人员责任，是个人责任还是集体责任，是领导责任还是直接主管人的责任，避免使用"相关""有关"等非特定化用语。

五、食品安全的行政救济程序

对食品安全监管者违法责任的追究，需要合理化的程序设计来完善该制度。在我国的现有政治法律体制下的行政责任追究，目前的主要采取层级监督的方式来追究行政机关监管者的行政责任，即上级行政机关监督下级行政机关，行政领导监督所属行政内的行政人员。具体到食品安全监管领域的责任追究，也就是行政机关这个组织来监督机关内部参与食品监管的工作人员。

只有在发现所监管的工作人员的失职、渎职行为时，才能要求其承担行政责任。我国香港地区的廉政公署追究公务人员责任的程序值得我们借鉴，民众是食品安全监督的受益者，发现监管者的违法行为比行政机关更为快速，为方便民众举报，行政机关应当为民众设置便利的举报渠道，如举报信箱、举报电话等，另外还要重视网络、舆论媒介等现代新兴监督力量的作用。对于举报，应对相关的行政人员进行调查。对于确实存在渎职行为的食品监管人员，行政机关应当做出处理意见，同时保留监管个人申辩的权利；申辩无效的，监管个人应当接受行政机关的处理，但如果监管人员认为不应当承担行政责任，可以向上级监管部门申诉。食品安全与社会公众的生活紧密相关，公众对食品安全监管的质疑最能说明问题，香港地区的在这方面取得了重要成就，民众监督的作用不可忽视，这样的做法值得我们学习。要让消费者积极参与到对食品安全监管者的监督活动中来，确保食品安全监管者除了认真履行监管职责之外，还要认真接受消费者大众的监督。只有消费者大众的社会监督与国家机关的法律监督相结合，才能约束食品安全监管者监管行为，促使其严格执法。

第四节 国家赔偿救济

一、国家赔偿的含义

在我国的国家赔偿法中规定,对于国家机关及其工作人员在行使公权力过程中,因侵权行为给公民、法人和其他组织造成损害后果的,受害人有权依照国家赔偿法获得国家赔偿。

国家赔偿制度的理论基础在于:首先,国家侵权具有不可避免性。国家机关工作人员作为"人",从认识论角度而言,必然存在主客观矛盾,加之作为具有"社会性"的人,其必然代表一定利益团体,国家机关工作人员在代表国家机关行使公权力时,不可避免地会存在故意或者过失对公民、法人和其他组织造成损害后果;其次,从"风险责任"理论的角度出发,任何行为的受益者必须对该行为所产生的风险承担责任。因此,在政府活动的行政活动中,行政活动的风险当然应该由政府来承担,这在归责原则上称为严格责任原则。随着社会经济发展的不断发展,政府一方面为应对自然和社会风险而不断提升技术和制度手段;另一方面,这些技术和制度不断衍生出新的风险,当受害人无法从直接侵权人处获得充分赔偿时,政府作为社会的管理者而言理应补充承担责任,实现对公民权利的救济。

从食品安全事件中引入国家赔偿的合理性来讲,我国接连频繁发生的食品安全事件,对社会公民的身体健康造成极大威胁,国家赔偿引入食品安全事件的损害赔偿救济中,解决事故中受害人的赔偿是重要的补救行为措施。

二、引入国家赔偿的合理性

政府对经营者准入的监管职责,我国食品安全法规定政府监管部门对食品安全负有事先审查的职责,对食品申请人应该做到严格把关,严格按照法律规定的程序履行法定的职责,使行政许可证申请人的各项申请条件都符合国家相关法律法规之规定,否则应承担相应法律责任。

食品安全问题的监管是从一个"从田间到餐桌"的全部过程,在该过程中政府负有不可推卸的责任,政府应在从食品的准入阶段到食品的整个生产过程中,都要严格把握质量过程。作为政府的行政机关有监管市场的义务,并且有能力履行好监管的义务,如果政府没有履行该职责,无疑会增加消费者身上的各种风险。"三鹿"牌奶粉食品安全风险的出现,政府作为市场的监管者,负有不可推卸的责任。政府作为社会公共利益的维护者,严格管制市场经济生活中存在的种种违法现象是自身的职责。三鹿奶粉这次重大食品安全事件，可以说正是政府在食品监管中有失职的行为。

从政府的职能角度而言，市场监管和保障人民生命财产安全都是政府的职责所在。从操作层面而言，《产品质量法》和《消费者权益保护法》中规定的经营者责任在其破产无力偿还受害者损失时，对于受害人的救济就没有具体规定，这样的救济也就没有实际意义存在，如果国家再不给予适当的赔偿，则消费者在食品安全事件的损害就无法得到救济。在此背景之下将国家赔偿引入民事赔偿制度作为补充救济手段，不仅有利于消费者得到赔偿，还能使国家职能得到实现。

三、食品安全事件中国家赔偿责任的性质

我国《民法典》第七编“侵权责任”中规定了补充责任①，具体是指他人负有法定义务因未尽到安全保障义务，对第三人给受害人造成的损害承担补充性的责任。即在加害人不足以承担全部责任时，补充责任人承担剩余部分责任，如果加害人下落不明时，由补充责任人承担全部责任。在承担了补充责任之后，补充责任人获得受害人对加害人的赔偿请求权，即对加害人的追偿权。在食品安全事件中，国家赔偿是作为补充救济手段而存在，在受害人对经营者求赔偿得不到实现时而适用，属于安全补充责任的性质。

四、食品安全事件中国家赔偿责任的法理基础

食品安全属于公共安全，政府及相关的行政部门对食品安全的义务，是法定义务。国家质量监督及食品安全部门，有时由于其不作为行为导致食品安全事故发生并给消费者带来利益的损害，对于该侵权行为的发生监管的相关部门并不是直接的责任人，但是对食品安全事故的发生应有不可推卸的责任。和侵害的直接责任人相比侵害力较小，为了让受害者得到充分而合理的足额赔偿，责任承担上应该做到有所区别，由侵害者首先进行民事赔偿，在侵害者不能足够赔偿时，引入国家赔偿来补充不足的赔偿部分。这样既能保证受害者的利益，也能最大限度地使政府发挥维护公共利益的职责。

1. 责任承担的法律依据

关于食品安全的国家赔偿的范围，在我国现行的相关法律法规中并没有相关的规定，使得食品安全事故发生时，在法律实践中受害人在经营者不承担或无法承担时难以从法律中明确得到救济依据。仔细研究世界国家中的国家赔偿制度，对

① 《民法典》第七编第一千一百九十八条。

于政府行政不作为的侵权行为，并没有完全排除赔偿责任，这也说明将政府机关的行政不作为的侵权纳入国家赔偿范围内具有制度合理性及可操作性。例如：《美国联邦侵权求偿法》第1346条规定：“由政府雇员在他的职务或工作范围内活动时的疏忽或错误的作为或不作为所引起财产的破坏或损失、人身的伤害或死亡等属于美利坚合众国的侵权赔偿范围之内。”联邦德国1981年的《国家赔偿法》第1条规定：“公权力机关违反对他人承担公法义务时，公权力机关应依据本法对他人赔偿就此产生的损害。”“三鹿奶粉”事件的食品安全事故责任的承担，应由经营者和政府两者结合来共同承担，可见将政府的行政不作为的侵权行为明确列入《国家赔偿法》中实属必要。

2. 食品安全的归责原则

从食品安全的性质可涉及归责原则问题。《中华人民共和国》国家赔偿法（以下简称《国家赔偿法》）规定，对于国家机关及其工作人员行使职权的侵权行为造成损害的，受害人有权取得国家赔偿。国家赔偿法的归责原则为严格责任原则，在食品安全事故中国家赔偿法也采取严格责任原则，行政机关的行为是否违法并不在考虑范围之内，只要求食品安全事故出现损害结果，并且行政行为与损害结果间有因果关系即可申请国家赔偿，是合理合法的。此种归责原则对事故中受害人的救济十分有利，同时，在一定程度上也有利于对政府行政行为进行一定的监督，使政府在对公共安全的食品安全问题的监管行为上更加谨慎守法。

3. 食品安全责任当事人

食品安全事故中国家赔偿责任当事人的确定，可依照我国国家赔偿法相关确定。赔偿请求人是权利受到损害的公民、法人和其他组织，如果受害人死亡，受害人的继承人和其他有扶养关系的亲属或受害法人或其他组织的权利承受人，有继续取得赔偿的权利，赔偿义务机关则为行使行政职权时造成公民、法人和其他组织的合法权益损害的行政机关。

4. 食品安全赔偿程序

我国《国家赔偿法》规定赔偿请求人应当先向赔偿义务机关提出赔偿的请求，或者也可在申请行政复议或者提起行政诉讼时一并提出赔偿，同时递交赔偿申请书①。若赔偿义务机关在法定期限内没有做出是否赔偿的决定，赔偿请求人可以在一定期限内，直接向人民法院提起诉讼。具体在食品安全责任事故的申请赔偿程序，可以适当引入和解等方式参照侵权法规定的民事案件的程序平衡当事人之间的关系。国家赔偿在根本上是为了解决当事人之间的矛盾，赔偿其损失，在得到

① 《国家赔偿法》第九条：“赔偿请求人要求赔偿，应当先向赔偿义务机关提出，也可以在申请行政复议或者提起行政诉讼时一并提出。”

侵权者和政府赔偿后，可以与政府、侵权者协商，如果对调解方案满意，可以选择与政府、侵权者和解。此外，我国《国家赔偿法》对行政追偿也做出了相关规定，即赔偿义务机关赔偿损失后，应当向有故意或者重大过失的工作人员或者受委托的组织或者个人进行追偿。但我国《国家赔偿法》并未规定对直接侵权的侵权者的责任追偿。受害人可以与直接侵权人及行政机关进行协商和解，若和解不成则可向人民法院起诉，当受害人无法在直接侵权的"经营者"处获得充分赔偿时应由行政机关承担补充赔偿责任，此处也应赋予行政机关对直接侵权人的追偿权，否则就成为行政机关代替侵权人承担赔偿责任，使其逃脱法律责任的承担，没有达到制裁的作用。

5. 食品安全举证责任

我国《国家赔偿法》规定的举证责任原则，除了第 15 条第 2 款①规定的特殊情形外均适用"谁主张谁举证"的一般原则，也即是说在食品安全事故的国家赔偿中由申请赔偿方就其申请承担举证责任，这是不合理的。在食品安全事故的国家赔偿案件中，诉讼中应采取举证责任倒置原则，是指原来由某方当事人举证，在法律规定的特殊情况下由对方当事人举证，承担举证责任的主体发生对换。在食品安全事故的国家赔偿案件中，侵权行为受害人与国家机关两者地位本身就不平衡，受害者处于弱势地位，不可能从行政机关获得相关证据材料说明行政机关存在不作为的行政侵权行为。因此，由受害人承担举证责任是极为不公平合理的，不利于保障受害人合法权益，无法达到程序公正。

① 《国家赔偿法》第十五条："人民法院审理行政赔偿案件，赔偿请求人和赔偿义务机关对自己提出的主张，应当提供证据。赔偿义务机关采取行政拘留或者限制人身自由的强制措施期间，被限制人身自由的人死亡或者丧失行为能力的，赔偿义务机关的行为与被限制人身自由的人的失望或者丧失行为能力是否存在因果关系，赔偿义务机关应当提供证据。"

参考文献

[1]张涛. 食品安全法律规制研究[M]. 厦门:厦门大学出版社,2006.

[2]魏益民,刘为军,潘家荣. 中国食品安全控制研究[M]. 北京:科学出版社,2008.

[3]赵林度. 食品安全与风险管理[M]. 北京:科学出版社,2009.

[4]于江华. 食品安全法[M]. 北京:对外经济贸易大学出版社,2010.

[5]李洪生. 食品流通安全监督管理与实务[M]. 北京:中国劳动社会保障出版社,2010.

[6]罗小刚. 食品生产安全监督管理与实务[M]. 北京:中国劳动社会保障出版社,2010.

[7]石阶平. 食品安全风险评估[M]. 北京:中国农业大学出版社,2010.

[8]汪江连,彭荣飞. 食品安全法教程[M]. 厦门:厦门大学出版社,2011.

[9]赵士辉,侯丽华,白云岗. 食品安全伦理、法律与技术[M]. 天津:南开大学出版社,2012.

[10]唐书泽. 食品安全应急管理[M]. 广州:暨南大学出版社,2012.

[11]曾祥华. 食品安全法导论[M]. 北京:法律出版社,2013.

[12]倪楠. 食品安全法研究[M]. 北京:法律出版社,2013.

[13]杜承铭. 医药食品安全法治研究[M]. 北京:中国政法大学出版社,2015.

[14]江虹,吴松江.《国际食品法典》与食品安全公共治理[M]. 北京:中国政法大学出版社,2015.

[15]钱和,林琳,于瑞莲. 食品安全法律法规与标准[M]. 北京:化学工业出版社,2015.

[16]倪楠,舒洪水,苟镇. 食品安全法研究[M]. 北京:中国政法大学出版社,2016.

[17]袁曙宏. 新食品安全法 200 问[M]. 北京:中国法制出版社,2016.

[18]阮赞林. 食品安全法原理[M]. 上海:华东理工大学出版社,2016.

[19]贾旭东,王君. 食品安全国家标准食品安全性毒理学评价程序和方法[M]. 北京:中国标准出版社,2016.

[20]曾祥华. 食品安全法新论[M]. 北京:法律出版社,2016.

[21]闫海. 食品法治:食品安全风险之治道变革[M]. 北京:法律出版社,2018.

[22]侯春平,苑莹淼. 食品安全法律法规[M]. 北京:清华大学出版社,2019.

[23]臧冬斌. 食品安全法律控制研究[M]. 北京:科学出版社,2019.

[24]戴伟,吴勇卫,隋海霞. 论中国食品安全风险监测和评估工作的形势和任务[J]. 中国食品卫生杂志,2010,22(1):46-49.

[25]赍智强.食品安全风险评估的方法与应用[J].中国农村卫生事业管理,2010(2):132-134.
[26]王可山,李秉龙.食品安全的风险分析[J].中国禽业导刊,2006,23(4):10-11.
[27]吴培,许喜林,蔡纯.食品安全风险分析的原理与应用[J].中国调味品,2006(9):4-8.
[28]孙颖.食品安全风险交流的法律制度研究[M].北京:中国法制出版社,2017.